正解がない時代の親たちへ

名門校の先生たちからのアドバイス
［エッセンシャル版］

教育ジャーナリスト
おおたとしまさ

祥伝社

はじめに――それは子どもの問題ではありません

「親世代の成功事例が通用しないであろう未来に子どもが変化に対応して活躍する人材になるには、親として何を大切にすればよいのか？」と聞かれることが増えています。

子育てに迷ったり悩んだりするのは古今東西の親の性《さが》。しかもいま時代の変化は加速度的に速まっていて、親世代の常識が通用しなくなってきているともいわれます。不安が増すのも当然です。

実際、将来役立ちそうなスキルを子どもに身につけさせる方法やら親が望む方向に子どもが自ら歩み出すように仕向ける方法やらを論じる記事を、特にインターネットでよく見かけます。子育ての記事というよりも、子どもを思い通りにデザインあるいは操作するためのマニュアルに見えます。

しかし冒頭の問いに本当に答えるためには、問いの立て方から問い直さなければならないと私は思います。

まず、「活躍する人材」という言葉から想起するイメージはひとによってさまざまであるはずです。

聖書でいうところの「地の塩」となり目立たないけれど着実に世の中の役に立つことをイメージするひともいれば、GAFA《ガーファ》（グーグル、アマゾン、フェイスブック、アップル）のようなグローバル企業で高い報酬を受け取りいわゆる〝勝ち組〟になることをイメージするひともいるかもしれません。ゴールのイメージがひとそれぞれなのに「何を大切にすればよいのか？」という疑問に一概には答えられません。

また「人材」という言葉がいかがわしい。

もともとは生きていた樹木を家や燃料などなんらかの目的に使用するために切り倒し枝葉を落とし皮を剝《は》いだものを「木材」と呼びます。もともとは生きていた動物や植物を食用にするために殺し切り刻んで調理しやすい状態にしたものを「食材」と呼びます。「人材」にも同じニュアンスがあります。

そもそも「人材育成」と「教育」は似て非なるものです。「人材育成」とは、「この組織を機能させるためにはここにこういう部品が必要だから、それに合致する部品をつくろう」という目的ありきの発想。「教育」とは、「子どもの人格を尊重し、社会との関わりのなかでその人格を高め、幸せに生きていけるようにしよう」という子どもありきの発想。

人材育成的な発想で子どもを育てようとすると、子どもの自己肯定感は下がります。目的ありきの発想で、人格が二の次にされているのだから当然です。つまり「活躍する人材」を目的とする冒頭の問いに答えること自体が子どもの自己肯定感を下げる手助けをすることになるわけだから、私としてはこの問いに答えることはできません。

さらに「親世代の成功事例が通用しないであろう未来」の部分は二重の意味でナンセンスです。

親世代の成功事例が子どもの世代においても有効だった時代など、むしろ例外的にしか存在していません。そうでなければ世の中は〝発展〟できませんから。それでも人間は何万年も世代を超えて生きてきました。つまり子どもが「親世代の成功事例が通用しないであろう未来」を生きることはいつの時代もデフォルト（初期設定）であり、それを心配すること自体が、まずナンセンスなのです。

そもそも生き物の本質とは変化に対応することですから、人間だって変化に対応できるんです。大人がよほど余計な「人材育成」をしてしまわなければ。しかも子どもたちは、自分たちに合うように自分たちで新しい社会の秩序をつくっていくことができます。大人がよほど余計な「負の遺産」を残さなければ。つまり新世代が自分たちで構築した社会秩序こそが、過去の世代から見れば「親世代の成功事例が通用しないであろう未来」に見えるだけ。そこを子どもたちがどう生きていけばいいかなんて親世代が気を揉《も》むこと自体が、さらにナンセンスなのです。

結論として冒頭の問いに対する私からの答えは、「親としてなぜこのような問いに囚《とら》われてしまうのかを考えてほしい」です。課題は、子どもではなく親の中にあるのです。

ではその課題の本質と解決策は何か。

それを探るべく、これまで何千人もの親子を見てきた名門校のベテラン教師たちにアドバイスを求めました。

集まった珠玉《しゅぎょく》の言葉の数々を原材料にして、21世紀のど真ん中を生きる子どもの親として心得ておくべきエッセンスを精製しながら濃縮しました。編集というよりは蒸留に近い作業でした。さらに、私自身の教員、心理カウンセラー、親としての経験も踏まえ、私の言葉でところどころに補助線を添《そ》えつつブレンドしました。

実は本書は、たいへん好評をいただいた『21世紀の「男の子」の親たちへ』と『21世紀の「女の子」の親たちへ』（いずれも祥伝社）を元にしています。その2冊の内容を混ぜ合わせて、さらにエッセンスを濃縮した、いわば二段仕込み製法のエッセンシャル版です。

序章で「これからの時代」のとらえ方を提示し、第1章では「グローバル」の本質を探ります。第2章はＩＴやＡＩといった両刃の剣とどう向き合うか、第3章は現代社会の大きな課題であるジェンダー・バイアス（性別に関する偏見）、第4章は人間の尊厳、第5章は自由、第6章は教育の優先順位について。第7章では「いい親」とは何かに迫り、終章で本書のエッセンスの最後の一滴をすくいとります。

第1章から第7章は、見出しごとに独立した話になっていますので、気になる見出しのページから読んでいただけます。もちろん前から順番に読めば、より理解が深まるように構成されています。

親の立場からすれば耳の痛い話も多いかもしれません。しかしそれ以上にきっと、「あ、それでいいんだ」と肩の力が抜ける瞬間があるはずです。

正解がない時代の親たちへ。

「変えられるものを変える勇気と、変えられないものを受け入れる平静さと、それらを峻《しゅん》別《べつ》する叡智《えいち》が、もたらされますように」（ラインホルド・ニーバー）

目次

第2章　「進歩する技術」を味方につける

第３章　「ジェンダー」にとらわれない

第4章 「人権意識」を身につける

第5章 人生を「自分で決める」ために

第6章 焦らずに「土台」をつくる

第7章 「すごい親」より「いい親」がいい

終章　子どもを「見る」ということ

※本書は小社より刊行された『21世紀の「男の子」の親たちへ』（おおたとしまさ著、2019年刊）と『21世紀の「女の子」の親たちへ』（おおたとしまさ著、2020年刊）に収録されている先生方の話のなかから特に印象的な言葉を抽出し、新たなコメントや解説・註釈を加え、エッセンシャル版として再編集したものです。

ご協力くださった先生方（五十音順）

●麻布中学校・高等学校（男子校）
平秀明先生

●栄光学園中学高等学校（男子校）
井本陽久先生

●桜蔭中学校高等学校（女子校）
井上瑞穂先生
小林裕子先生
齊藤由紀子先生

●鷗友学園女子中学高等学校（女子校）
大内まどか先生

●海城中学高等学校（男子校）
柴田澄雄先生
八塚憲郎先生

●開成中学校・高等学校（男子校）
葛西太郎先生
齊藤幸一先生

●吉祥女子中学・高等学校（女子校）
綾部香先生（当時）

●神戸女学院中学部・高等学部（女子校）
林真理子先生（当時）

●四天王寺高等学校・中学校（女子校）
稲葉良一先生
中川章治先生
山本富生先生

●品川女子学院中等部・高等部（女子校）
漆紫穂子先生

●芝中学校・高等学校（男子校）
武藤道郎先生

●修道中学校・修道高等学校（男子校）
田原俊典先生

●女子学院中学校・高等学校（女子校）
鵜﨑創先生

●巣鴨中学校・巣鴨高等学校（男子校）
堀内不二夫先生

●洗足学園中学高等学校（女子校）
宮阪元子先生

●東大寺学園中・高等学校（男子校）
沖浦徹二先生
榊野数馬先生

●桐朋中学校・高等学校（男子校）
荒井嘉夫先生（当時）
片岡哲郎先生（当時）

●豊島岡女子学園中学校・高等学校（女子校）
竹鼻志乃先生

●灘中学校・灘高等学校（男子校）
大森秀治先生（当時）

●ノートルダム清心中・高等学校（女子校）
神垣しおり先生

●雙葉中学校・高等学校（女子校）
和田紀代子先生（当時）

●武蔵高等学校中学校（男子校）
加藤十握先生
岸田生馬先生（当時）
高野橋雅之先生

※本文中にお名前が出てこない先生も含みます。

序章

「これからの時代」を生きる力

「生きる力」はいまも昔も変わらない

これからの時代を生きていくために必要な力は何か。

さまざまな教育現場を訪れ、さまざまな先生や保護者や子どもたちの声を聞いた経験から「(1)そこそこの知力と体力、(2)やり抜く力、(3)自分にはない能力をもつひととチームになる力」の3つにまとめられるのではないかと私は考えています（図）。

この問いについてはいろいろなひとがいろいろなことばで考えを表明しますが、主旨としてはだいたい似たようなことをいっているのではないでしょうか。

いや、これまでの時代もずっとこの3つの力は重要でした。いわばいつの時代にも必要な普遍の力です。ただし、かつては「知力と体力」に置かれていた比重が、現在ではより「やり抜く力」や「自分にはない能力をもつひととチームになる力」に移動していることが、現在の「学力観」の変化の本質だと私は思います。

(1)の「そこそこの知力と体力」とは、本当に「そこそこ」でいいレベルです。「知力」とは「偏差値いくつ以上」とかいう問題ではなくて、「知恵」に近い意味です。「体力」は

「生きる力」を構成する3つの能力

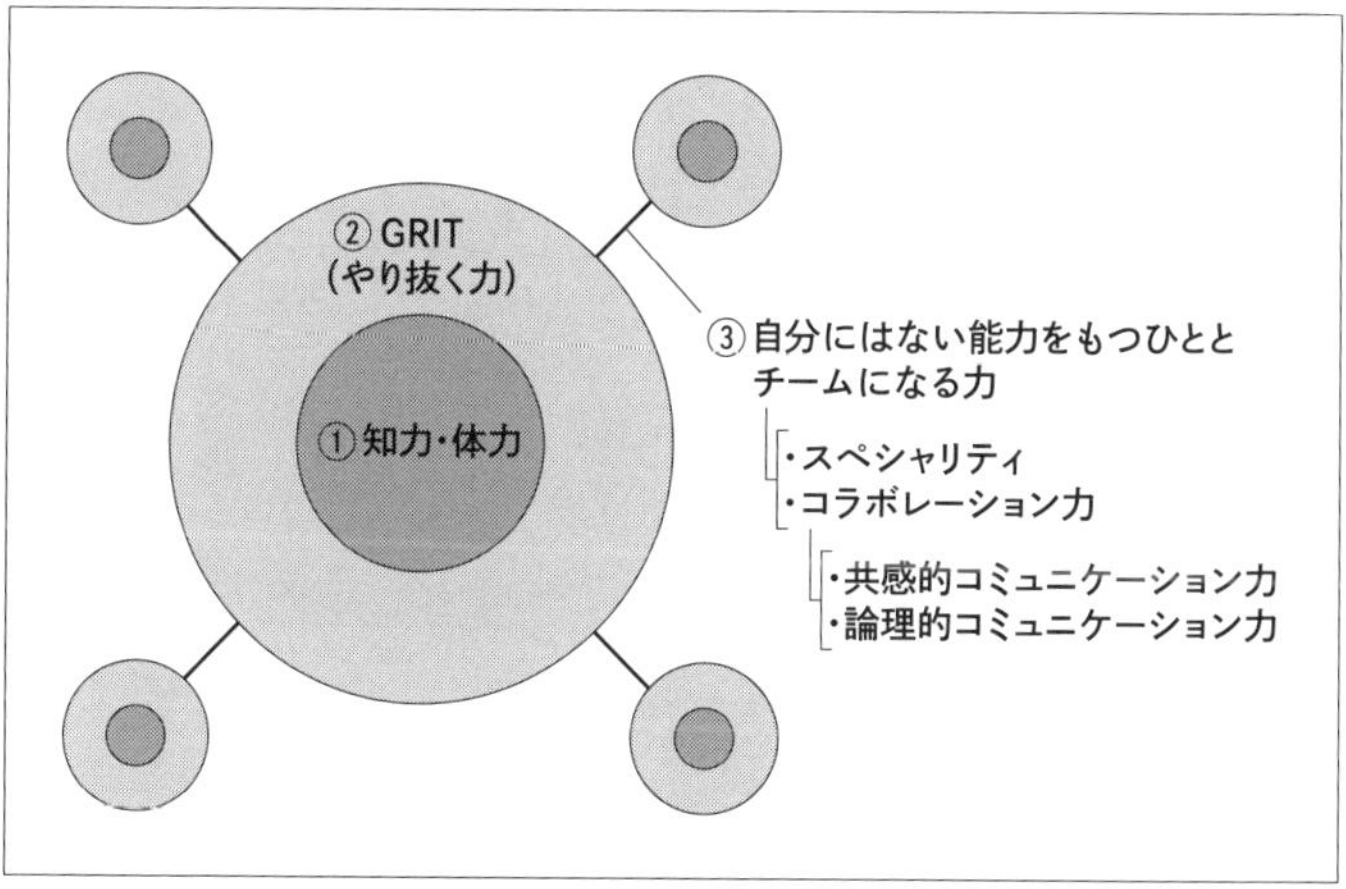

「健康」くらいの意味です。**同世代のお友達と楽しい会話が成立して、いっしょに遊べるだけの体力があれば十分**というイメージです。

(2)の「やり抜く力」は、アメリカの心理学者アンジェラ・ダックワース博士が、究極の非認知能力[※1]として提唱する「GRIT《グリット》」の訳語です。彼女の著書『やり抜く力　GRIT』は世界的なベストセラーとなっています。「根性」「折れない心」「粘り強さ」「情熱」などのニュアンスを含みます。

ダックワース博士は、IQの高さよりもGRITの強さが人生に〝成功〟をもたらすことを明らかにしました。

1 **【非認知能力】** 学校のペーパーテストなどで比較的簡単に数値化できる能力を、一般に認知能力と呼びます。ＩＱテストで測れる知能の高さも認知能力です。しかし、「根性がある」とか「社会性がある」とか「意欲的である」とか「まじめである」とかいうあいまいな性質は、数値化しにくい。そういうものを俗に非認知能力と呼びます。教育に関する話のなかでよく使われる「生きる力」というのは、認知能力だけでなく非認知能力を含めた力を示すニュアンスがあります。実際、非認知能力が高いと、いわゆる学力や偏差値のような認知能力はあとからついてくることがわかっています。

受験勉強でも「生きる力」は伸びる

やり抜く力は、日本では習い事や部活のなかで鍛えられる部分も多い。夢中になって頑張り、達成感を味わい、それでも挫折を経験し、それを克服する経験をすることで、強くなっていく可能性があります。人生経験を積めば積むほど強くなる。

さらに、**中学受験や高校受験などの受験勉強を自分の力でやりきったのであれば、「そこそこの知力と体力」「やり抜く力」は十分に育っている**と考えていいと思います。

日本の受験勉強には、やり方を間違えると子どもの自己肯定感を下げてしまったり親子の信頼関係を損ねてしまったりするネガティブな側面もありますが、うまくすれば「知力と体力」そして「やり抜く力」を鍛える絶好の機会にもなります。

一方で、ダックワース博士は著書の中で、やり抜く力の鉄人たちでも当然ながらあきらめることはあると指摘しつつ、「いちばん重要なことは、『やり抜く力』の鉄人たちは『コンパス』を替えないことだ」とも述べています。

「自分軸」あっての「やり抜く力」ということです。

せこい損得勘定を刷り込むな

「自分軸」については、最近さらに興味深い調査分析結果を目にしました。東京都医学総合研究所とロンドン大学の共同研究によって、60年以上にわたる大規模追跡調査の結果を分析したところ、思春期の時点で抱いていた価値観が人生の終盤での幸福感に大きく影響することがわかったのです。報告書には以下のように書かれていました。

・思春期の時点で抱いていた「興味や好奇心を大切にしたい」という価値意識（内発的動機）が強いと、高齢期の幸福感が高まり、「金銭や安定した地位を大切にしたい」という価値意識（外発的動機）が強いと、幸福感が低くなることを明らかにしました。親の社会経済的地位や、本人の学歴によらず、この関係が認められました。

・若者に対して経済的な成功や安定を目指すように強調するよりも、自身の興味や好奇心をはぐくむ教育環境を作っていくことが、活力ある超高齢化社会の実現に向けて重要な対策であると示唆されます。

「興味や好奇心を大切にしたい」という価値意識（内発的動機）が強いとは、「自分軸」がしっかりしていることにほかなりません。

さらに、報告書には「若い頃の様々な欲求や誘惑に負けずに自分をコントロールする力（自己コントロール力）は、成人した後の経済的な成功を左右しますが、幸福感の指標である人生を振り返った時の満足感（人生満足感）とは関係しません」とも記されています。

ノーベル賞受賞の経済学者ジェームズ・ヘックマン博士の研究成果をもとにして、偏差値的な学力よりも自己抑制力などの非認知能力が重要だという言説が流行しました。さらに前述の通り、ダックワース博士は、非認知能力のなかでも「ＧＲＩＴ（やり抜く力）」が、〝人生の成功〟に大きく影響すると主張し、世界的な注目を浴びました。

しかしこちらの論文では、「やり抜く力」とて、〝経済的成功〟の要因にはなるが、それ以上ではないことを示しているのです。

論文の示唆するところを私なりにまとめれば、**子どもにせこい損得勘定を刷り込むな**という話です。

ぼーっとする時間がもたらす「人生の羅針盤」

しかし、私はここにこそ危機感を覚えています。子どもたちが自分のなかに確固たる「自分軸」を構築する時間が少なくなっているのです。

高度成長期の「教育ママ」は子どもを有名大学に入れることだけを考えていればよかった。「もやしっ子」と呼ばれようが、テストでいい点数をとれる子を育て、「高学歴」というパッケージ商品を得られれば、それだけで満足できました。いわゆる右肩上がりの社会ではそれだけで、「生きる力」の弱い子でも生きていくことができたからです。

しかしいま、「学歴は役に立たない」といわれます。学歴が要らなくなったわけではありません。高学歴があることは大前提で、オプションとして、英語もできなければいけないし、プログラミングもできなければいけない、プレゼンテーションにも長《た》けていなければばいけない……と考える親は多い。
それで、週に7つも8つも習い事をさせる。そのうえで、子どもたちは学習塾にも通う。そうして子どもたちの人生からぼーっとする時間が奪われる。

ひまなときにこそ、子どもは自分の時間をどう使おうか考えます。自発性や主体性が芽生えます。自分が、何を好きで、何をしているときが幸せで、何を欲しているのかを感じる時間でもあります。それが**「人生の羅針盤（コンパス）」**になるのです。

ぼーっとする時間を奪われると、「人生の羅針盤」を使いこなせないひとになってしまいます。主体性なく、なんとなく世間的に良いといわれる方向を向いて生きるしかなくなります。そんな状態で、いくら高学歴を得ても、英語やプログラミングができても、何の意味があるというのでしょうか。

それが嫌なら、**幼少期にできるだけぼーっとする時間を奪わない**ことです。思春期も同様です。幼少期と思春期は、いずれも子どもが心身両面で劇的に変化する時期であり、飛躍的成長のチャンスなのです。

「正解」なんて昔からなかった

これからの時代を生きていくために必要な３つの力の最後、⑶の「自分にはない能力をもつひととチームになる力」とは、正解がない世の中でますます必要になる力です。

経済活動の量に着目すれば、戦後からバブル期にかけての日本はずっと右肩上がりでした。先進国と発展途上国の経済格差という形で資本主義社会に伸びしろが豊富にあったので、既存の価値観のなかでの成功体験を拡大再生産さえしていれば、社会全体が〝成長〟しているように感じられた時代です。

社会全体に強い追い風が吹いていましたから、何をやってもうまくいく。みんなと同じようにしていれば、会社に就職できて、家電が買えて、マイカーが買えて、マイホームが買えて、子どもたちを大学まで通わせてやることができた時代です。それがあたかも〝正解〟のように見えていました。

しかし１９９０年代はじめにバブルが崩壊。１９９７年には北海道拓殖《たくしょく》銀行や山一《やまいち》證券の経営破綻が生じたのが象徴するように、そこから景気は停滞、もしくは右肩下がりの局面へと移行します。２００８年をピークに人口も減少しはじめており、まるで逆風のなかの行進です。ですからやることなすことい い結果が出にくい。〝正解〟が得られにくい。

しかもかつての発展途上国の進歩はめざましく、資本主義市場が拡大する余白は残りわずか。既存の〝正解〟を再生産するだけの戦略は限界です。新しい価値を創造し続けなければいけないのが、これからの資本主義社会共通の課題であるわけです。つまり、いままで以上にイノベーションが必要。

ここで、20世紀の携帯電話とウォークマンとパソコンの進化を思い出してください。それぞれをただ小さくする競争をくり返しているだけではイノベーションは起こりません。でもその3つが合わさって２００７年にスマホが生まれました。

それぞれを小型化することに特化していたひとたちは単体ではイノベーションを起こせませんでしたが、その技術を磨くことによって期せずして、イノベーションを起こすために必要な一要素になっていたわけです。いくつかのスペシャリティが混ざり合うとき、イノベーションは起こります。

つまりこれからの時代には、なんらかのスペシャリティをもつ複数のひとたちが一つのチームになることでイノベーションが起こる確率を上げていくことが、有効な成長戦略になります（経済的に成長することが社会にとって常にいいことかという問題はありますが）。

だから、似たようなひと同士で群れるのではなく、自分にはない能力をもつひととチームになる能力が高いひとこそ、近くにイノベーションが生まれる可能性が高まり、生き延びる可能性も高まるのです。

ニッチでもいいからスペシャルになれ

自分にはない能力をもつひととチームになる力の構成要素は、さらに「スペシャリティ」と「コラボレーション力」に分けられます。

まずは自分自身になんらかの「スペシャリティ」がなければいけません。当然です。誰でも代替可能な存在では、チームに呼んでもらえないわけです。

かといって、「この手術は世界で私にしかできない」みたいな超高度な技術が必要なわけではありません。たとえばパンを焼くという、そのこと自体はありふれた行為でも、自分らしいパンを焼くことができればそれはそのままスペシャリティになります。

スペシャリティを見つけるには、やはり子ども自身がぼーっとする時間が必要です。無意識から始めたことには、没頭できます。自分では普通にやっているだけなのに「よくそんなすごいことができるね！」とまわりから驚かれるようなところに、その子の特殊な能力が表われています。それがスペシャリティの種《たね》です。

〝成功〟する人生よりも自由な人生

たとえば「絵が上手《うま》くたって食っていけないよ！」というアドバイスが昔からありますよね。でもそれは、荒れ野をたった一人で生きていこうとする発想です。

絵が上手いという能力をもつスペシャリストが、ＩＴのスペシャリストや、スポーツのスペシャリストや、林業のスペシャリストたちと手を組めば、イノベーションが起こるかもしれません。そういうチームに属して必要とされていれば、なんとか生きていけます。

一つのプロジェクトが終わったらチームは解散するかもしれません。そうしたら、そこで得た経験も新しい魅力にして、また違う新しいチームに加わればいいのです。

どんなスペシャリティがどこでどんな形で役に立つのかはわからない時代です。単体で食える技能を身につけることよりも、自分らしい技能を身につけることがますます重要に

なるでしょう。[※2]

どんなにささいなことでもいい。余人をもって代えられない職業的な何かをもっていることが「プロ」の条件なのだろうと私は思います。そのスペシャリティが時代の方向性にぴたりと一致すれば、世間的な意味での大成功を手に収めることができるでしょう。時代の方向性とズレていると、食えてはいけても、派手なスポットライトを浴びることはないかもしれません。そこは運だと私は思います。

スポットライトが当たる人生を目指すのなら、時代の風を敏感に読み取ってそこに自分を最適化していかなければなりません。うまくいけば本当に大成功を収められるかもしれませんが、ちょっと待ってください。世の中の流れに迎合する人生が本当に自分の人生でしょうか。損得勘定に支配される人生が本当に自由な人生でしょうか。そうではないと私は思います。

世の中にある既成のモノサシ（評価軸）から解放され、自分自身の**「人生のモノサシ」**をもつことができたとき、ひとは真に自由になれるのです。

---

2 早くから専門教育をやったほうがいいと勘違いするひとが出てきそうですから念のために、補足します。専門性を高めるためには、土台として幅広い教養が必要になります。教養がないと、専門性を高めようとし

てもすぐに限界がきてしまいます。ですから、少なくとも高校生くらいまでは理系・文系関係なく、幅広い教養を身につけることを大切にしたほうがいいと私は思います。専門性は大学に行ってからいくらでも磨き上げることができますから。このことは第6章で詳述します。

前提を共有しない相手とわかりあうには？

しかし、ただスペシャリティがあるだけでは、自分にはない能力をもつひとたちとチームになることはできません。「コラボレーション力」も必要です。これはさらに「共感的コミュニケーション力」と「論理的コミュニケーション力」に分けられます。

コミュニケーションをとるうえで、共感力は重要です。でも、いわゆるそりが合わないとか、馬が合わないとかという場合もあると思います。人間ですから仕方がありません。共感力をベースにしたコミュニケーションには自ずと限界があるのです。そこで必要となるのが、「論理的コミュニケーション力」です。

異なる能力をもっているひと同士は、異なる価値観や志向をもっていることも多い。共感力だけを頼りにしていると、すぐに「わかりあえない」現実にぶち当たります。

しかしＡさんの意見とＢさんの意見がまるっきり異なって見えるとき、Ａさんがその意見に至るまでにどのような論理にもとづいて思考したのかを論理的に遡《さかのぼ》ると、Ａさんの思考の前提にたどりつくことができます。同様に、Ｂさんの意見を論理的に紐《ひも》解いていくと、Ｂさんの思考の前提が見えてきます。そうすることで、ＡさんとＢさんの意見が違って見える現象が、実はＡさんとＢさんがもっている前提の違いによるものだとわかります。

ＡさんもＢさんも、それぞれの前提の上に正しく論理を積み上げているので、お互いに自分が正しいと思っています。そして実際２人の意見はそれぞれに論理的に正しいのです。

前提が違っていることが共有できれば、前提をそろえ直してからいっしょに論理を積み上げていくことができます。そうすることで２人に共通の、論理的に正しい意見にたどりつくことができます。お互いに妥協して２つの異なる意見の中庸をとるような話とは違います。

これが論理的コミュニケーション力です。前提を共有しないひととのコミュニケーションスキルといってもいいでしょう。これがあると、異なる価値観、文化的背景、宗教観、信念をもっているひとたちとも、手と手を結び合うことができるようになります。

「飲みュニケーション」社会の限界

論理的コミュニケーション力を鍛えるには、学校の勉強がそのまま役に立ちます。いっさいの論理の飛躍を許さない数学的思考はまさに論理的コミュニケーション力の基礎になります。理科や社会だって同じです。丸暗記するのではなく、何がどういう原理原則にもとづいて動いているのかを学問的にとらえる際、必ず論理的な思考力が必要になります。それが論理的コミュニケーション力の基礎になります。

逆にいえば、学校の勉強も、単に重要語句や公式を丸暗記するのではダメです。テストで点をとることにしか役立ちませんから。そうではなくて、ものごとの論理的筋道をたどることが、これからはますます大事になるのです。これまでも大事だったのですけれど、テスト至上主義的な教育観のなかではつい忘れ去られがちなことです。

一般に、コミュニケーション力は非認知能力に分類されますが、実はそれは「共感的コミュニケーション力」の部分のことであり、「論理的コミュニケーション力」に関しては認知能力との関連が非常に強いというのが私の考えです。

論理的コミュニケーション力が足りないと、共感的コミュニケーション力だけに頼った集団形成がなされ、社会に分断が生じます。ネット社会ではそれが極端な形で進行します。実際にいま、世界中で起きている現象です。この分断を食い止めるのが、これからの社会の喫緊の課題であるはずです。

これからのダイバーシティ社会[※3]では、さまざまなバックグラウンドをもつひとと協働する機会が増えることが予測されます。生まれ育った文化的背景も宗教も価値観も違う、前提を共有していないひとたちとのコミュニケーションができなければいけません。

常に異文化が往来していた諸大陸では当然の能力だったのかもしれませんが、極東に位置する島国日本の弱点がここにあります。日本型の「飲みュニケーション」の限界です。「飲みュニケーション」とは要するに、お酒の力で論理を排除して、共感的コミュニケーションでごり押ししようという話ですから。

---

3 **【ダイバーシティ社会】** ダイバーシティとは多様性のこと。ここでは違いを認め合って共存する社会を意味しています。

〝エリート〟に足りなかった経験とは？

「そこそこの知力と体力」「やり抜く力」「自分にはない能力をもつひととチームになる力」。この3つの力があれば、どんな時代でも生きていける。ちょっと前までの私はそう考えていました。

でも最近、それだけでは危険だと思うようになりました。政治家や官僚など国のリーダーとも呼ぶべきひとたちがセクハラや不倫などのスキャンダルを起こしたり、大企業の社員が就職活動中の学生に対して性的な関係を迫ったりと、ひととしてあまりに情けない事件が頻発しているからです。

性的な意味で問題であること以前に、立場のあるひとがその立場を利用して自分より弱い立場のひとを支配しようとするのは単純に卑怯《ひきょう》です。

世間的には「エリート」と呼ばれるようなひとたちです。きっと知力も体力も十分にあって、仕事のうえではやり抜く力も抜群のはずです。大きな組織の中で働いているのですから、自分にはない能力をもつひととチームになる能力だって、人並み以上にあったはずです。しかし何かが欠けている。精神的にはまるで子どものままの状態で大人になり、しかも社会的にはそれなりの立場を得てしまったということです。

結果から見れば、倫理観とか道徳心とかひととしての美学みたいなものが足りないことは明らかなのですが、つまりはそれを培《つちか》う機会をなんらかの理由で逃してしまったのかもしれないことこそが真の問題点だと思うのです。

そこで一つの仮説を思いつきました。彼らは若くて未熟で世間知らずだったころに、身を焦がすような本気の恋愛をしたことがなかったのではないか。

宇宙がひっくり返る精神的大革命

子どものころは、多くの場合は親から、愛される一方で育ちます。親の愛に守られながら、自分を包む無限の宇宙《せかい》の美しさ、心地よさ、優しさ、厳しさを学んでいきます。

ところが、思春期になると、親からの愛をうっとうしく感じるようになります。大人社会の既存の価値観について、片っ端から疑いをもつようになります。それまで愛と宇宙に守られて、それが当たり前だと思って生きてきたわけですが、「自分はこのままの立場でいていいのだろうか」と考えはじめるのです。そのころには「そこそこの知力と体力」「やり抜く力」「自分にはない能力をもつひととチームになる力」もだいぶ備わってきているはずです。

親の愛から一時的にあえて距離を置き、無限の宇宙のなかで実は自分が孤独であることに気づけるようになったころに、天の采配が働きます。稲妻に打たれるように、恋に落ちるのです。

愛される側から愛する側への立場の転換が起こります。天動説から地動説への転換といってもいいほどの精神的大革命です。自分を包んでいた無限の宇宙がもつすべての美しさ、心地よさ、優しさ、厳しさを、たった一人の対象のなかに見出します。そのたった一人が、自分にとっては無限の宇宙そのものとなり、親から受けた無限の愛以上の愛を、そのたった一人に注ぎたいと願うようになります。あらゆる意味で、宇宙がひっくり返るのです。

そして気づきます。世界中のひとたちが、自分と同じような気持ちで誰かを愛し、愛されていることに。そうやって宇宙は続いてきたのだと。自分もその一部なのだと。愛することの切なさ、苦しさ、でもそれ以上のすばらしさ。無限の宇宙において、そのどんな小さな一部をすくい上げても、そのなかに無限の価値を見出すことができること。すべてがかけがえのないものであるということ……。

そのときに再び、これまで自分に無限の愛を注いでくれた親の価値、自分を包んでいてくれた無限の宇宙の存在に気づきます。無限の愛と宇宙のなかにただ包まれるだけの存在だった自分が、無限の愛と宇宙に一体化していきます。誰かに愛され包まれながら、自分も愛し包み込む存在へと成長しはじめるのです。

たった一人の誰かを心底愛する経験が、一人の人間の視点を、宇宙の外側、無限の宇宙を俯瞰《ふかん》できる位置にまで引き上げます。これはある意味、奇跡です。

しかし人間としてはまだまだ未熟です。上手な愛し方、包み込み方がわかりません。圧倒的な無力感を味わいます。それを自覚するときに、人間として本当の意味で成長したいと切に願うようになります。人間として本当の意味で成長するとはどういう意味なのかを本気で考えはじめます。すると、損得勘定やパワーゲームがどうでもよくなります。

こういう経験があれば、誰かに愛されかつ誰かを愛しているであろう目の前のひとに、社会的な立場や損得勘定の圧力で何かを強要するような卑怯ができるわけがないのです。道徳だのジェンダー教育だのよりも、たった一人の誰かを心底愛する経験がものをいうのだと思います。

ここまでくれば、子どもの成長を支えるという意味での親の出番はもうほとんどなくなるのではないでしょうか。

第1章

「グローバル」なんて怖くない

〝勝ち組〟という発想こそ時代遅れ

21世紀は「競争」ではなく「共栄」の時代だといわれています。急速なグローバル化が進んでいるだとか、ＡＩが仕事を奪うだとかいわれていますが、それらは「経済状況」の変化であって「時代」の変化ではありません。

「グローバル経済が大きな経済格差をもたらすであろうことも、かねてより指摘されていました。イギリスのＥＵ離脱、トランプ政権の誕生、その後もヨーロッパの大国の選挙では、社会階層による対立が表面化しています。信じられないことが起きているように語られがちですが、グローバル経済が発展していくのであれば、当然予測のできたことだったはずなのです」（桐朋《とうほう》・片岡《かたおか》先生）

経済状況の変化ばかりに意識を奪われ、経済合理性や損得勘定に縛られ、人々の感性あるいは感情が劣化し、民主主義までが危うくなっていることこそが、いまここにある危機の本質だと私は思います。しかしいまだに「これからの時代に勝ち残るために必要な最先端のスキルを獲得するには……」という競争の文脈で教育が語られがちです。それでいいのでしょうか。それこそ時代遅れの発想のように私には感じられます。

ＧＡＦＡ[※1]のような最先端のグローバル企業で活躍するひとたちももちろんすばらしい。「経済状況」がそのようなひとたちを必要としているのは間違いありません。一方で「時代」が必要としているのは、ひととしての尊厳の大切さに自覚的なひとたちであるはずです。

だからこそ、平和教育が必要であり、性教育が必要であり、つまるところ人権教育が大切なのではないでしょうか。そうすれば、いじめ、虐待、経済格差など、さまざまな社会問題が少しずつ解消していくのではないかと思います。

「グローバル社会」を連呼するのなら、本当に私たち親世代が考えなくてはいけないのは、ＧＡＦＡのような超グローバル企業のなかで活躍できる〝勝ち組〟を育てることではなく、急速なグローバル化に対する反動としての国内外の「分断」を乗り越えられる若者たちを育てることではないでしょうか。

---

1 **【GAFA】** グーグル、アマゾン、フェイスブック、アップルの4社をまとめた俗称。グローバル企業の象徴であり、人類のライフスタイルに変革をもたらすIT企業の象徴でもあります。

「グローバル経済」に踊らされるな

経済界のひとたちは「グローバルな時代」を連呼しますが、だからなんだというのでしょうか。彼らは地球の裏側のひとたちにも自分たちの商品を買ってもらいたいと思っているだけです。ほかの国の競合会社も同じことを考えていますから、彼らとの競争に勝てる社員が欲しいと思っているだけです。

要するに彼らは、子どもたちのために「グローバル」と言っているのではなくて、自分たちのために「グローバル」と言っているだけです。単なる商業的な競争のために叫ばれる「グローバル」には踊らされるべきではありません。

グローバル人材を育成する方法はない

グローバルに活躍するとは、常に「アウェイ」の状態で力を発揮しなければいけないということです。常に何かが足りない前提で、ベストを尽くすことができなければなりません。とりあえず手元にあるものだけで強大な困難に立ち向かうことができる「知恵と度胸」こそがものをいうはずです。むしろ「手元には一本のナイフしかない。これを使って、どんな道具をつくり出し、どうやって森の中で生き延びる？」みたいなことを考える訓練を積むことこそが、重要なのではないかと私は思います。その意味で、原始の森の中で生き抜く力と現代のグローバル社会の中で生き抜く力との間には、さほどの差はないのだと思います。そう考えると、「グローバル人材になるためには、あれとこれが必要だ」という発想自体、「グローバル人材的」ではないわけです。

グローバル人材はＡＩに負ける

そもそも「グローバル人材」という言葉自体が日本独特の表現です。「世界のどこに行っても羨望の眼差《まなざ》しを受ける、汎用《はんよう》性の高い分野においてまんべんなく高スペックを誇る人材」みたいにとらえられています。でもそれって結局、「みんなができることを誰よりも高いレベルでできるひと」ということです。思考力抜群で、統計に強くて、プレゼンも上手くて、もちろん英語も流暢《りゅうちょう》に扱えるというのはたしかにかっこいいですけれど、それって将来ＡＩロボットがやってくれそうですよね。

これからはＡＩが仕事を奪うとかSociety 5.0[※2]だとか喧伝《けんでん》するひとたちの見事な論理的プレゼンテーションを見ていると、まるで最先端のＡＩロボットがしゃべっているのを目の当たりにしているような気分になります。「なるほど、十数年後には彼らの仕事こそをＡＩがやってくれるようになるのだろうな」という皮肉が頭に浮かびます。

「グローバル化」の名のもとに標準化してしまったら、どんなに高性能であったとしても結局買いたたかれます。みんなと同じモノサシで自分を大きく見せるより、ひととは違ったモノサシをもつことが価値を発揮する時代がやってくるということです。

一方「ダイバーシティ」な社会とは、汎用性の高いモノサシでひとを比べるのではなく、お互いの違いを認め尊重し合える社会です。そのような社会では、世界のどこに行っても自分自身の軸を失わず判断基準を惑わされない、強烈な個性こそがものをいいます。

21世紀の子どもたちに必要なのは、標準化ではなく、自分にしかない個性を磨き上げることであるはずです。

---

2 **【Society 5.0】** 政府が策定する第5期科学技術基本計画で提唱された概念。狩猟社会、農耕社会、工業社会、情報社会に次ぐ、新たな社会を指す言葉。「Society 5.0で実現する社会は、IoT（Internet of Things）で全ての人とモノがつながり、様々な知識や情報が共有され、今までにない新たな価値を生み出すことで、これらの課題や困難（知識や情報が共有されず、分野横断的な連携が不十分であるという問題）を克服します。また、人工知能（AI）により、必要な情報が必要な時に提供されるようになり、ロボットや自動走行車などの技術で、少子高齢化、地方の過疎化、貧富の格差などの課題が克服されます。社会の変革（イノベーション）を通じて、これまでの閉塞感を打破し、希望の持てる社会、世代を超えて互いに尊重し合える社会、一人一人が快適で活躍できる社会となります」（内閣府ホームページより）。

変化に対応するのでなく、変化を起こす

「かつては大量に生産して大量に消費させることこそが豊かさとされ、そこに身を投じることがやりがいとされていましたが、いまは仕事そのものに喜びとか幸せを追求しはじめている社会人が増えている気がします。一線で活躍するひとも企業理念も、そういう方向に変わってきていますよね。卒業生を見ていて感じるんです」（洗足《せんぞく》学園・宮阪《みやさか》先生）

いわゆる旧来の経済界のひとたちがいう〝変化〟とは、昭和から続く彼らの商売の土俵の上での戦い方を変えなければいけないという意味合いにすぎません。でも時代の変化の本質は、別の次元で起きている。働くこと、仕事、ビジネスへの向き合い方自体が変化している。いつの時代も、〝変化〟に対応しようとするのが旧世代のひとたちの特徴です。でも若者は〝変化〟の主体です。旧世代のひとたちが唱える変化への対応に乗っかっていると、むしろ時代の最先端から取り残されていくわけです。

あえて欧米人とは違う発想をもつ

「アメリカのビジネススクールに進んだ卒業生が来てくれました。彼女が面白いことを言っていました。

日本企業が英語を公用語にすることの是非が、ケーススタディのテーマに設定されたことがあったと。そこで彼女は日本企業も英語を公用語にしないと生き残れないという主旨の発表を自信をもってしましたと。発表も上手くできたはずだと。

でも、まわりからは『がっかりした』と言われてしまったそうなんです。何でだと思います？　欧米人の発想と同じだからだと言われたそうです。

そのとき彼女は、欧米人とは違う発想を期待されて自分がそこにいたことに気づいたんです」（洗足学園・宮阪先生）

外国語には「ツール」以上の価値がある

「英語はツールにすぎない」とよくいわれます。ビジネスの観点でいえばたしかにそうです。しかし学校で英語を学ぶことには、ビジネスに必要なツールを手に入れる以上のメタ(上位概念的)な意味があります。ロシアの心理学者ヴィゴツキーによる、発達の概念を引いてみましょう。

> 子どもが科学的概念を習得し、それを自覚し得るためには、生活的概念の発達が一定の水準にまで達していることが必要です。いわば下から上への長い歴史を歩んだ生活的概念は、科学的概念の下への成長の道をあらかじめ踏み均《なら》すのです。(中略)
>
> これと同じような関係が、外国語の習得と母語の発達のあいだにも見られます。母語の発達が言葉の自然発生的な利用からはじまり、言語形式の自覚とマスターで終わ

> るとすれば、外国語の発達は、言語の自覚とその随意的な使用からはじまり、自由な自然発生的な会話に最後に到達します。
>
> （柴田義松『ヴィゴツキー入門』より）

「日本語を学ぶのと同じように英語を学ぶ」という方法もたしかにあり、コミュニケーションのツールとしての英語を身につけるだけならそれでも十分なのかもしれませんが、それでは本当の意味で外国語を学んだことにはなりません。

論理的に外国語を学ぶことで、無意識で扱えてしまっていた母国語が相対化される。すると母国語を思考のツールとして意識的に使いこなせるようになる。丁寧に論理的に思考を言葉にしていく作業を重ねると、自分でも思いもよらなかった概念的発見ができることがある。思考の次元が変わる。かつてドイツの文豪ゲーテは言いました。

「外国語を一つも知らない者は、母語をも本当には知らない」

なにもペラペラになるまで外国語をマスターする必要はありません。学べば学んだ分だけ、思考は広がる。それは自分の内なる宇宙を広げることだといってもいいし、宇宙を観る解像度を上げることだといってもいい。

おじいさんやおばあさんの話は宝

「日本のことを知っていないと、あるいは日本語のことをわかっていないと、海外に行って偉そうにいろんなこと言ったって、底が浅いことがばれてしまいます。表面的なことをいっぱい知ってるだけじゃダメですよね。教養をいかに獲得するかということになる。

そのためには、身の回りのことであったりとか、日本のことであったりとか、そういうことについてより深く知ることが大事だと思いますけどね。要するに自分がないのに世界がわかるかという話です。

世界の最先端とかはあとでいいので、まずは自分のルーツであったり、手近なことに関心をもたないと根無し草になっちゃうわけで。世界のトップ企業の役員の話を聞くのも、本当に興味があればいいですけれど、それよりも自分の親や、じいさんやばあさんの話を聞くことが大事だと思いますよ」（灘《なだ》・大森《おおもり》先生）

ユーモアの感覚を育てる

「性格的には、たくましく、かつ、しなやかで、さらにユーモアがある人間を育てたいなと思います。特にユーモアもしくはウィットの感覚というのはいま日本人にいちばん欠けているものであって、いわゆるグローバルな人間になるためには一般教養にプラスして重要です。そういう若者のほうが、まじめ一辺倒の若者よりも社会に出て伸びしろがあるんです。これは大学で教えていた経験から断言できます。

また、いろいろな文化のひとと働いた経験からいえば、日本人は、そういう意味での高い潜在能力をもともともっている国民だと思います。いま、世界の中で日本は再評価されはじめています。だから生徒たちにはもっと自信をもってほしい。一つのことで失敗しても、それを糧《かて》にして、次のことにチャレンジできるような精神的強さも身につけてほしい」（海城《かいじょう》・柴田《しばた》先生）

ビジネスマンの促成栽培をするな

ビジネス環境の変化に対応するだけであれば、社会に出てからそのときどきに必要なスキルを身につけさえすれば十分に対応可能です。どうせこれからは、大人になってからも常に新しいことを学び続けて新しいスキルを身につけていかなければならないのです。逆にいえば、子どものころから準備しておかなければいけないビジネススキルなど、私には思いつきません。

「即戦力が欲しいから教育を変えてほしいという企業の声があるようですが、英語とプログラミングをやっておけば大丈夫みたいなことを言うのはちょっとやめてくださいよって感じです。それは社内で解決してほしいですよね」（桜蔭《おういん》・齊藤《さいとう》先生）

そもそも時代は変わっても、人間の本質は何も変わりません。だから万葉集を読んでも古代のひとと気持ちが通じますし、論語の教えをいまに活かすこともできます。ビジネスの世界に出る前に、そういう人間としての土台をしっかりと築いておかなければ、どんなに便利でカッコいいスキルを身につけたところでさほど役には立たないでしょう。

「お金を稼ぐことは悪いことではありませんからね。でも最近、若くして起業することをやたらともてはやしますよね。わざわざ子どもに金勘定教えてどうするのかというのが、私のなかにあります。いずれ社会に出るんだから、金勘定は社会で覚えればいい。子どもの時代に読むべき本もあるだろうし、勉強もあるだろうし、友達との関係もあるだろうし。もっとそっちに時間を使うべきでしょう。『どうやったら起業できますか？』なんて、社会に出てやりたくなったら、詳しいひとに相談すればいいじゃないですか。でもそういうことを言っていると、『なんか古い』っていう話になる（笑）」（巣鴨《すがも》・堀内《ほりうち》先生）

中高生にビジネスマンのまねごとをさせることは、ビジネスマンの促成栽培のようで、私も感心しません。

「教育」と「人材育成」は似て非なるもの

梅には梅の育て方があり、松には松の育て方がある。それぞれ適切な環境を与えられれば、小さな種子は自らの力で芽吹き、自らの力で根を張り、自らの力で枝葉を伸ばし、大木となる。それが教育です。つまり教育とは、それぞれの人間の特性を見極め、好ましい環境を与えること。

一方、「人材育成」とは、なんらかの目的に合う材料として一定のスペックをもつ状態に人間を加工すること。どうやったら効率よく「人材」を育成することができるかに主眼が置かれます。

教育畑のひとと経済界のひとととの「教育論議」がかみ合わない理由はここにあります。経済界の観点から行なわれる議論は、得てして論点が「人材育成」に偏《かたよ》りがちなのです。

「生きる力」と「生きるためのスキル」は違う

生きていくために必要なスキルは現在加速度的に変化しています。つまり、未来予測はたいへん困難。「生きるためにこれとこれが必要だ」と教えてやることはできません。その場その場で自分が生きていくうえで必要な「生きるためのスキル」を自分で見極めて、どうやったらそれを手にすることができるかを考え、そのための努力を続けることができる力こそが「生きる力」の正体です。「生きるためのスキル」と「生きる力」は似て非なるもので、「生きるためのスキル」をいくら集めても「生きる力」にはなりません。

それなのに、いまの教育論議は「子どもに何を教え授けるべきか」ばかりに終始しているように思います。それは、使うかどうかもわからないアプリを片っ端からスマホにインストールするような行為です。そんなことより大事なのは、将来どんなアプリでもすぐにインストールできるように、スマホそのものの性能を上げておくことではないでしょうか。

心配は、大人自身の不安の投影

急速な社会のグローバル化を前にして、「グローバル人材にならなければいけない」「もっと強力な生きる力が必要だ」と慌てふためいているのは、「自分たちの経験則がもう役に立たない」と感じている大人たちです。

だからといって子どもたちにあれもこれもと教え込もうとするのは、子どもからしてみればありがた迷惑以外の何物でもありません。あれもこれもと与えすぎることは、逆に子どもたちの「生きる力」をそぐことになりかねません。

戦い方よりも人間の愚かさを知ることが大事

技術が進歩すると、戦争に使われる兵器も進歩します。平和でない社会を生き延びるためには、最新兵器の使用法を学ぶ必要があるかもしれません。

しかし考えてみれば、最新兵器を使った戦争も、戦国時代の合戦も、原始時代の争いも、すべて人間の心が生み出すものです。

市場を舞台にした競争でも同様です。

みんなが幸せに生きる社会を目指すならば、必要なのは最新の戦い方に関する知識ではなく、原始時代から変わらない、争いを起こしてしまう人間の愚かさと、それでも必死に生きようとする人間の愛おしさを学ぶことではないでしょうか。

人間にはロバストネスがある

「これからは先が読めない時代」などとはいいますが、人類史上、先が読めた時代がどれほどあったというのでしょうか。そもそも人間は、先の読めない時代のなかでも生き抜けるようにできているはずなのです。だから何百万年も進化し続けてきたのです。

子どもたちにはその能力が生まれながらにして備わっています。だって、アフリカのサハラ砂漠に生まれた子も、アラスカの氷原に生まれた子も、南太平洋の孤島に生まれた子も、みな同様に笑い、学び、健やかに育つ力をもっているのですから。これを生物学の専門用語ではロバストネス[※3]と呼びます。

世知辛いコンクリートジャングルに生まれ落ちた子どもたちにもロバストネスは必ずある。それを信じることが、子どもへの絶対的な励ましになるはずだと私は思います。

---

3 **【ロバストネス】** 生命などのシステムが、それ自身で本質を保とうとする内的な強さ。

第2章

「進歩する技術」を味方につける

AIだけでは正しさにたどりつけない

人間は、理路整然と間違えることのできる唯一の動物です。非常に頭のいいひとたちが、判断材料を手に入るだけ最大限集めて、１ミリの論理的な飛躍もなく思考したはずなのに、結果的にはとんでもなく大間違いな結論をはじき出してしまっていたということは、よくあることです。論理が間違っているのではありません。解決しなければいけない課題が大きければ大きいほど、人間が正しい決断をするために必要な判断材料をすべて集めることなど、原理的に不可能なのです。不完全な判断材料は偏った前提を提供します。前提が偏っていれば、その上にいくら緻密《ちみつ》な論理を積み上げたところで、正しい結論が得られるはずがありません。ＡＩ[※1]についても同じことがいえます。

ＡＩが自律的に世の中を学んでいこうとしても、ＡＩが取り込める形に加工された情報しか取り込むことができません。それは宇宙や人間の、ほんのわずかな部分を切り取ったものにすぎません。それをあたかも「すべての情報」のようにとらえて判断を下したら、とんでもない結論になることは目に見えています。つまり、世の中の複雑な課題解決をＡＩに任せたら、かなりの確率でとんでもない結果になる。

しかし人間は、そしておそらくその他の動物も植物も、自分には到底計り知れないことがあることを大前提に、それに対する畏怖の念を抱きながら生きています。一方で、目の前で微笑《ほほえ》むひとの瞳の奥をのぞき込むだけで、幸せを感じることもできれば悲しさを感じ取ることもできます。他人に嘘《うそ》をつけば自分の心も痛むことを知っています。それらは決して情報化できない情報です。それを私たちは「感性」と呼んでいます。「正しさ」に近づくためには、論理だけでは不十分。感性が必要です。ＡＩ時代だからこそ、感性による補正が重要になるでしょう。

1【ＡＩ】人工知能のこと。意味の幅は非常に大きく、単なるプログラムをＡＩと呼んでいるケースも見られますし、人間の知能そのものを人工的につくろうとする研究もあります。人間のサポートなく人工知能が自動で学習データからパターンを抽出し蓄積し状況に応じた最適解を出すように成長していくことをディープラーニングと呼びます。２０４５年には人工知能が人間の知能を超えるシンギュラリティ（技術的特異点）を迎えるという予測もあります。

「技術立国ニッポン」にとらわれない

ソニー、東芝、日立、パナソニック……。大量生産・大量消費の時代において、日本企業は技術革新によって世界のトップを走りました。その成功体験が私たちの社会には色濃く残っています。だから、〝技術立国ニッポン〟としては、ＩＴやＡＩなどの分野でもトップを走らなければいけないという強迫観念にとらわれます。

しかし一方で、新しい技術のおいしいところを利用させてもらうことで、より多くのひとたちがそれぞれの価値観にもとづいた新しいビジネスを始めることも可能になっているのです。あくまでも市井《しせい》の個人としては、競争の結果生まれた技術をいかに小回りよく柔軟に、自分の価値観に沿った形で利用するかを考えたほうがメリットは大きいかもしれません。そのとき武器になるのは、技術力ではなくて、ひととは違う発想です。

地方にいてもグローバルに活躍できる

インターネット技術の発展で、日本の地方都市の企業が世界に向けて直接ビジネスをすることも可能になってきました。国内か海外かという二択の発想にとらわれるべきではない時代です。それがまさにグローバルという意味なのですから。

ＩＴやＡＩが子どもたちに味方する

「ＩＴとかＡＩは絶対に発展するので、いままでできなかったことが可能になっていきますよね。それはこれからの時代の若者たちにとって悪いことであるはずがない。大量生産・大量消費の時代が終わって、一人一人がそれぞれの価値観を大切にして発信できるようになった。要するに多様性ですよね」（洗足学園・宮阪先生）

ネット情報だけでは知的栄養失調になる

「危惧するのは、いまの子どもたちはフロー情報に慣れてしまっていて、終わったら何も残らないのが当たり前になっていること。ネットの影響だと思います」（麻布《あざぶ》・平《たいら》先生）

飲みやすさだけを追求してとにかく大量に消費されることを目的にした清涼飲料水のようにつくられるのがインターネット上の文章です。もちろんすべてとは言いませんが。それに対して、それなりの対価を支払って読む本は、しっかり咀嚼《そしゃく》され十分に味わわれたうえで、時間をかけて栄養として吸収され、からだの一部になっていく、玄米とか肉とかのリアルな食料みたいなものにたとえられます。

清涼飲料水ばかりガブガブ飲み込む生活をしていたら、玄米や肉のような歯ごたえのあるものは食べられなくなってしまうでしょう。それでは知的栄養失調に陥るのも時間の問題です。

ネットニュースだけでは足りない

「いま新聞を取ってない理由として『ネットのニュースを読めばわかるから』ということもあります。でも、新聞にはやはり社説とか論壇みたいなものがあって、そこには主張があって、それに従えというわけではなく、自分の考えと照らし合わせながら読むということに意味があったのに。そこが忘れられていますよね。

高校教育の到達点というのは、いわゆる朝日とか毎日とか読売とか、そういう全国紙の一面から、政治面、社会面、文化面、スポーツ面、経済面、全部をそれなりに読解できて、つまるところ自分なりの批判ができるようになること。原子力の問題だって、科学の視点からも経済の視点からも環境の視点からも感情的な観点からも理解できなきゃいけない。そういうような読み方ができれば、高校の教育としてはひとつの成果といえるかなと思うんです」（麻布・平先生）

血の通った言葉を獲得できるかどうか

「言葉を介さずともわかりあえる力を、どうやったら再び獲得できるのか。そのためのトレーニングの場という意味合いが、中学校や高校にはあると思います。学校でも、当然多くの場面では言葉を介してコミュニケーションをとります。しかし問題は、その言葉に血が通っているかどうかだと思います。人間らしい血の通った言語を発することができるか、あるいは他人の言葉のなかに心を感じることができるかどうか。人工知能が超えることのできない言語運用能力はそこだろうと思います。

ろくに対面もせずに文字情報だけでやりとりをしていたら、人間は、人工知能と変わらない存在になってしまうでしょう。『言葉は要らない！』というほどの体験をどこまでできるか。それが結果として、これからの社会を生きていくうえで重要になってくるのだろうと思います」（桐朋・片岡先生）

いっしょに働きたいと思われることが大切

「このひとといっしょに働きたいな」と思われるひとであれば、どんな時代になってもAIに仕事を奪われることはないでしょう。

スマホはナイフに似ている

「ナイフは、鉛筆を削ったり果実の皮をむいたりできて便利な半面、ひとを殺すこともできる。スマホだってコミュニケーションのツールとして便利だけど、使い方を誤れば人間を社会的に抹殺することもできるわけですよね。ナイフを渡すのと同じくらいの気持ちで渡してくれないと困るということです。いま、ナイフ自体を使える子は少ないけどね。中1の生活科学で、りんごの皮むきからやらせてます（笑）」（麻布・平先生）

ナイフの扱い方にさえ慣れておけばあとからナタやノコギリや彫刻刀などを手にしてもすぐに使いこなせるようになるように、小さいときに火や刃物に十分に触れて危険との付き合い方や距離のとり方を十分に学んでおいた子どもは、その感覚をもとにして、便利だけど危険な文明の利器も比較的短期間で使いこなせるようになるのではないでしょうか。

避けるだけでは守れない

「根気が要るけど、戦いですね。いまの時代、ナッシングにしちゃうのは無理ですからね。どう折り合いを付けていくかだから。そういうスキルも必要なんですよ。難しいところですよ。ゲームがきっかけで猛烈に学びはじめる子どももいますからね」（開成《かいせい》・齊藤《さいとう》先生）

　学校の現場でも、パソコンやインターネットを使用することは当たり前になっていますし、生徒一人一人がパソコンやタブレット端末をもって授業を受けることも珍しくなくなってきました。国も、「GIGA《ギガ》スクール構想」[※2]と銘打って、パソコンやインターネットを積極的に教育現場に取り入れようとしています。新学習指導要領にはプログラミング教育[※3]も盛り込まれました。

　かつての紙と鉛筆そして図書館の役割を、たった一つのタブレット端末が担ってくれるのですから、多少のリスクはあったとしても、これを使わない手はないというのがいまの流れのように思います。私が取材した多くの学校の先生方も同意見です。これからのテクノロジーがおそらくこれらの「ガジェット（文明の利器）」の延長線上にあることを考えると、子どもたちにこれらを使わせない選択肢はあり得ないように私も思います。

ただしタイミングや距離感が難しい。ガジェット単体ならまだしも、インターネットとの常時接続が当たり前の世の中で、ツイッターやインスタグラムなどのＳＮＳ（ソーシャルネットワーキングサービス）がからんでくると、使い方を誤るリスクは高まります。

２【ＧＩＧＡスクール構想】 小中学校（特別支援学校を含む、以下同）で１人１台のＰＣ端末を整備し、小中高で高速大容量インターネット環境を整えるなどの構想。当初文部科学省は２０２３年度までに１人１台を実現するとしていましたが、コロナ禍の影響によって、計画の前倒しを発表しました。

３【プログラミング教育】 そもそも学習指導要領はおよそ10年おきに改訂されるものです。２０２０年度から小学校で、２０２１年度から中学校で、２０２２年度から高校で、新しい学習指導要領が実施されます。新しい学習指導要領の目玉の一つにプログラミング教育があります。小学校ではさまざまな教科活動のなかでコンピュータに触れたり、インターネットで検索したりする機会を設けます。中学校では技術・家庭科のなかで行なわれてきた情報に関する技術を拡充します。高校では、「情報Ⅰ」という科目が必修化され、プログラミングやネットワーク、データベースについての基礎を学ぶことになっています。

SNSの怖さについては家庭でも伝えてほしい

「SNSでもリアルでも、個人情報を明かさないとか、いざというときははっきりと強い言葉で断るとか、幼いころから自分を守るスキルは身につけなければいけないと思います。どんなに優秀なひとでも有名なひとでも#MeToo[※4]というような意味では簡単には信用できないわけで、危険を身近に感じる意識をもってもらいたい。それはしっかりと幼いときからご家庭で教えていただきたいと思っています。好奇心が強い子や社交的な子は、そこが思わぬ落とし穴になることがありますから」（神戸《こうべ》女学院・林《はやし》先生）

4【#MeToo】アメリカの映画業界で起きたセクハラ事件告発を発端に、相手が社会的に有力な人物であってももう告発をためらわないという意味で世界に広まった活動です。告発やそれに対する賛同の意を示すために、ソーシャルネットワーク上で「#MeToo（私も）」のハッシュタグ（目印）を付けるようになりました。

信頼の前貸しをしよう

「ネットでいろんな事件が起こるじゃないですか。そこで『あんた、こんなことしてないでしょうね』みたいな話題の振り方がいちばんまずいんです。だって、『あんた、こんなことしてないでしょうね』というのは一種の説教であり、あるいは子どもを信用していないというメッセージですから」（灘・大森先生）

親の不信感を受け取れば、子どもはますます自信をなくし、本人の意志にかかわらず、悪いほうに向いていく。当然の理屈です。

「『あなたの同世代のひとたちがなんでこうなっちゃうんだろうね』とか『あなたはどう思う?』とかいう形で話題を振ってほしい」（灘・大森先生）

こう問いかけることで、言外に信頼を伝えることが大切です。

スマホを取り上げれば済む問題ではない

「スマホ依存にしてもゲーム依存にしても、そうせずにはいられない状態にまで追いつめられてしまっている場合があるんです。ルールを設けて従わせれば表面的には依存をやめさせることはできるかもしれませんが、背景に目を向けなければ、本質的には何も変わりません。

たとえば武蔵《むさし》ではたくさんレポートを書かせます。提出が遅れて溜めすぎて借金過多になってしまうと、逃げ道がなくなって、本人の意思とは関係なく、心も体も動かなくなってしまうことがあります。成長の過程で生じる〝穴〟というんでしょうかね、そうした穴に自分から入ってしまうことがあるのです。

そうすると、人間関係がうまくいかなくなったり、興味や好奇心が縮んだりします。不安で閉じこもってしまうんですね。そこでスマホを取り上げたり、インターネットへの接

続を禁止したりすることは、彼らにとって残り少ない居場所を奪ってしまうことになりかねない。そういう視点は必要だと思います」（武蔵・加藤《かとう》先生）

現代のスマホの問題は、本質的にはスマホの問題ではないのです。現実と向き合えなくなってしまった子どもたちが、昔なら家出をしたり不登校になったりしていたものが、現在はスマホの世界に逃避する行動パターンに変わっているということです。

子どもたちが何から逃げているのかを、大人たちが理解しなければ本質的な解決にはなりません。そんなとき、親としてはどう対処すべきなのか。

「すべてを上手くやらせようとせず、『これだけでも頑張りなさい』と、ポイントを絞ってあげることが突破口になることがあります」（武蔵・加藤先生）

専門家による支援が必要な場合も

「学校の授業に支障を来すような子どもにはカウンセリングが必要です。そういう子は、もともとそういう性質をもっているんですよね。スマホやゲームのことに限らず、ほかのことも守れない場合が多いんですよ。昔は家まで行ってゲーム機を取り上げたりってこともあったけど、いまは専門家にケアしてもらわないと」（開成・齊藤先生）

SNSでのトラブルはSOSかもしれない

男の子が思春期にSOSを発する場合には、まったくの無意識のうちにわかりやすいトラブルを起こしますが、女の子の場合はそれがいままでなかなかできなかったから、無意識のSOSが内に向く摂食障害[※5]のような形で出てきやすかった。

しかしいまの女の子たちは、SOSの新しい発し方としてSNSを活用しているのかもしれません。親を悲しませたい、親にショックを与えたいという無意識が、新しいタイプのトラブルを引き起こしているのかもしれません。

5【摂食障害】「必要な量の食事を食べられない、自分ではコントロールできずに食べ過ぎる、いったん飲み込んだ食べ物を意図的に吐いてしまうなど、患者さんによってさまざまな症状があります」（厚生労働省ホームページより）。10代から20代の女性がかかる割合が高いことで知られています。回復するには、体だけでなく、心のケアが必要だとされています。

健全なSNS文化構築は大人の役割

子どもたちにまねしてほしくないことは、少なくとも子どもたちが見られる場所では、大人だってすべきではありません。言わずもがな、ＳＮＳは子どもたちが見られる場所です。大人と子どものゾーニングは事実上不可能です。そこら中でタバコを吸っている大人たちがいるレストランで、子どもに煙を吸うなと言っても無理なのです。

子どもにさせたくないことをＳＮＳ上でやりながら「ここは大人の世界だから子どもは入ってはいけない」と子どもに言い聞かせる社会にするのか、ＳＮＳは子どもも見ている場所であると認めたうえで子どもにまねしてほしくないことは大人もしないことを常識とする社会をつくるのか。そういう問題だと私は思います。

ネット社会との関わり方は学校でしっかり教えるべきだという意見があります。それも正しい。学校からは「家庭でもしっかり話し合ってください」と言われます。正しい。でも前提として、大人社会で適切な運用がされていなければ、子どもに対してどんなに正論を説いたところで焼け石に水です。子どもたちが加わってきても大丈夫なＳＮＳ文化を、大人たちが率先して構築していかなければなりません。

大人社会の気の緩みが、ＳＮＳのちょっとした使用方法にも表われているように思えてなりません。そのしわ寄せを真っ先に受けるのはどんな社会でもたいがいの場合、子どもをはじめとする社会的弱者なのです。

第3章

「ジェンダー」にとらわれない

意図的に差別しているひとは少ない

ジェンダー・ギャップ指数[※1]において、日本は劣等生です。口ではみんな男女平等がいいと言いながら、なぜ現実はそうならないのでしょうか。

おそらく意識的に女性を差別しているひとはごく一部です。多くのひとが、無意識のうちに女性の社会的立場を低く見積もる「バイアス（偏見）」にとらわれているのです。バイアスのせいで、何の悪気もなく、男女不平等な状況を維持してしまいます。男性だけでなく、女性自身にもそのバイアスはあります。

たとえばいつも怒りっぽいひとが少々荒っぽい言葉遣いをしても誰も気にしませんが、いつもは穏やかな口調のひとが同様に少々荒っぽい言葉遣いをすると、まわりをびっくりさせてしまうことがあるでしょう。「前提」が違うからです。それと同じ理屈で、部下へのフィードバックとして同じ言葉を同じように伝えても、「部下の性別を問わず、女性上司は男性上司に比べて否定的な反応を受けやすい」という研究結果があります。[※2] これも意図しない悪気もない無意識の差別といえます。

バイアスは必ずしも悪いものではありません。ものごとをパターン認識することで思考の無駄が省けるからです。しかしそれが差別につながってしまうのはまずい。性差はもちろん、人種、国籍、宗教、外見などさまざまな事柄に関してバイアスは存在します。

ピンクの色眼鏡でピンクの壁を見ると、その壁がピンクであることに気づけないのと同じように、社会全体に当たり前のように差別が存在していると、客観的な評価自体がその差別を前提にしてしまっていることがあります。失敗してしまったら、自分の未熟さを素直に謝る。それを意識して場数を踏むしかありません。

---

1 **【ジェンダー・ギャップ指数】** 世界経済フォーラムが毎年発表する、各国や地域における男女の処遇格差を数値化したものです。経済、教育、健康、政治の４つの観点から、男性を「１」とした場合の割合で、女性の処遇を表わします。２０２１年の日本の指数は「０・６５６」で、１５６の国や地域のなかで１２０位でした。

2 たとえば比較的最近では、ミドルベリー大学の経済学者マーティン・アベル氏が２０１９年に発表した「労働者は女性上司を差別するか?」という論文があります。

親自身のジェンダー・バイアスを修正する

現在の親世代は昭和的な性的役割分担を無意識のうちに引きずっている可能性があります。これだけ男女平等、男女共同参画社会といわれていても、親世代こそ、「そうはいっても男だから」「そうはいっても女だから」という意識が拭《ぬぐ》えません。

たとえば、意識のうえでは「性別に関係なく自由に生きてほしい」と願っている親でさえ、男女の子どもがいた場合、日常的に何気なく投げかけるメッセージがすでに男女差を内包していることがあります。

「親のバイアスは経験と愛情から生じるんだと思います。でも、子どもの未来を限定するような発言や声がけを小さいころからしないように意識しなければいけません。『無理だ』とか『過去にないよ』とか『失敗したらどうするの』のようなネガティブな言葉を控えることが大事です」（品川《しながわ》女子・漆《うるし》先生）

女子校は「女の子らしさ」と無縁

「女子校では『女の子らしさ』みたいなことを考えなくていいんです。女子としていいかどうかよりも、ひととしていいかどうかという視点が常に上位にあります」（豊島岡《としまがおか》・竹鼻《たけはな》先生）

「心が育つ時期に、ある意味守られた、特別な環境の中に身を置くことに意味があるんだなと、女子校に勤務して初めてわかりました。もし社会の縮図の中でこの子たちが育っていったら、一生知らないで終わってしまうものがあります。早く現実に適応させることばかりが教育ではありません」（女子学院《じょしがくいん》・鵜崎《うざき》先生）

男女別学の国では、女子の理数の成績がいい

２０１８年のＰＩＳＡ《ピサ》（経済協力開発機構による学習到達度調査）における科学的リテラシーの男女差データを見ると、女子のほうが成績が良い国・地域の上位は、１位カタール、２位ヨルダン、３位サウジアラビア、４位アラブ首長国連邦、５位フィンランドと、イスラム教の国・地域が上位を占めています。数学的リテラシーでも、ほとんどのイスラム教の国・地域において、女子の成績が男子の成績を上回っています。これが何を示すのか。

イスラム教の国・地域では男女別学が基本です。つまりこれらの国・地域の女子はみんな女子校で学んでいます。そうすると、科学的分野においても女子のほうが成績が良くなるのです。[※3] 一方で、５位にフィンランドが入っていることからもわかるように、ジェンダー・ギャップの小さい国・地域ではやはり女子の科学的リテラシーが高くなる傾向がわかっています。

これらのことから推測すると、男女平等でない社会の共学環境では、女子は科学や数学の力を十分に発揮できていない可能性があるのです。

考えられる理由は2つ。

1つは、男女共学の環境で、女子は国語、英語、音楽などが得意であることが期待され、逆に理科や数学は苦手であると思い込まされやすいこと。性別による社会的偏見が共学の教室の中で再生産されている可能性があるのです。

もう1つは、女子校においては女子の特性に合わせた教育が行なわれている可能性です。素人が見てもなかなか違いがわからないのですが、女子校の先生たちは女子には女子の教え方があると口をそろえます。

3　PISAでは、「読解力」「数学的リテラシー」「科学的リテラシー」の3分野で調査が行なわれますが、「読解力」に関しては女子のほうが高得点であるのが全世界共通の結果です。

理数科目に苦手意識をもたせない

「明治時代から、日本の教育はどうしても男の子中心ですよね。それで男の子は結果が出ます。そうすると、結果は出ているので教育は間違っていないと思われて、結局女性は冷や飯を食わされるというか。女の子に向いた教育を受けられないまま、『私は向いていない』と勘違いしてしまう。

よくスパイラル型のカリキュラムってありますよね。それぞれの単元を完全に理解していなくてもとりあえず先に進んで、何度もくり返すことで定着させていくという。でもこれも女の子には全然ダメです。女の子は基本まじめだから、ひとつひとつ理解しないと不安になって次に進めない。もちろん個人差が大きいですから、なかには男の子と同じようにスパイラル型でもパーッとできてしまう子もいるのですが、現場で教えている感覚から言わせてもらえばそういうタイプの女の子は1割いるかいないかですね。

女子が理科を苦手なんじゃなくて、私たちから言わせてもらえば教え方が悪いんですね。きちんと寄り添って教えてあげれば伸びるんです」（四天王寺《してんのうじ》・稲葉《いなば》先生）

ですから、もし女の子が学校の理科や数学の試験で芳しくない点をとってきたときは、その子が理数系が苦手なのだとレッテルを貼るのではなく、指導方法が合っていないだけかもしれない可能性を疑い、それを克服する方法を個別に考えてみるといいでしょう。たとえば家庭において学年順位は気にしないと決めるとか、学校の宿題をあえて無視してマイペースで学習を進めるようにしてみるとか、可能なら女子だけ数人のグループで理科の先生に補習をしてもらうとか。

共学校に潜《ひそ》むジェンダー・バイアスにご用心

共学校の教室の中には男女両方がいるからこそ、大人たちの社会の性的役割意識がそのまま入り込んでしまう危険性があります。異性の目を気にすることで、まったくの無意識のうちに「男らしさ」とか「女らしさ」にとらわれてしまうというリスクもあります。共学校の教室のほうが、現状の男女不平等社会に自然に適合するという意味で合理的なのかもしれないのです。

これは「共学のパラドクス」だと思います。現実社会が男女共同参画社会になっているのなら、共学校の教室の中でもその価値観の再生産が行なわれるでしょうが、現実社会に性差別が横行しているのだとしたら、共学校の教室は男女共同参画社会を推進するうえで足枷《あしかせ》にもなりかねないのです。

実際海外では、男女別学校の出身者のほうが、少なくとも学業において、ジェンダー・

バイアス（性別に関する偏見）を受けにくいという研究結果も複数報告されています。子どもを共学校に通わせるなら、この点については意識的に対処しなければなりません。

一方、男女がお互いの長所を知り、弱点を補い合うことができるのが共学という環境のメリットです。

たとえば女子がコツコツ日々の勉強を頑張る姿を見て、瞬発力勝負になりがちな男子も少しはコツコツと勉強する習慣がつくという効果があると考えられます。

逆に大学受験直前にものすごい集中力で追い込みをかける男子生徒の様子を見て、女子も追い込みのペースを上げるという効果があると考えられます。

男女では勉強への取り組み方が違う

「はっきり言って、男の子なんて、元気で楽しく生きていればそれでいいじゃないかと思うんですけど」（麻布・平先生）

「すごく正直に言うと、朝起きれなかろうが、スマホばかりいじっていようが、元気ならいいんですよ。愛されていて、自由であれば、元気でいられます」（武蔵・高野橋《たかのはし》先生）

男子校の先生たちは「元気ならそれでいい」と笑い、特に中高一貫校における低学年のうちの勉強態度についてはさほど気にしていないようでしたが、女子校の先生たちはちょっとニュアンスが違います。

「勉強しなくていいとはやっぱり言いません。だから結構いろんなものを課してますけどね。提出物なんて多すぎるんじゃないかと私は思うんですけど、先生たちはできるはずだと言っています」（雙葉《ふたば》・和田《わだ》先生）

「女の子の場合、イーブンペースでコツコツやる子が一定数いるんですよ。だからまったく勉強しないと、気づいたら落ちこぼれみたいなことになりかねません。しっかり予習・復習だけはしてほしいと思います」（神戸女学院・林先生）

豊島岡には頻繁に小テストを行ない、基礎学力の取りこぼしをさせないしくみがあります。

「生徒たちの〝やらされている感〟は少なからずあるのではないかと思います」（豊島岡・竹鼻先生）

男子と女子では、組織のつくり方が違う

男子中高一貫校では必ず高3から中1までの縦割りのチーム対抗で競技が行なわれます。チームごとの力量はほぼ互角で、青組が優勝するか、黒組が優勝するか、毎年わかりません。ほとんどの共学校でも同じ形式でしょう。

でも多くの女子校では学年対抗で運動会が競われます。つまり高3と中1がリレーで競ったりするのです。当然毎年優勝は高3です。この傾向に気づいたとき私は、チームの力量差が明らかだと面白くないのではないかと思いました。そこで女子校の先生たちに聞いて回りました。「なぜ女子校では学年対抗で運動会をするのですか？」と。

すると、先生たちは声をそろえて言いました。「女の子は勝ち負けよりもチームでの一体感をモチベーションにするんです」と。また「過去には縦割り方式で運動会をやってみたことがあったけれど、生徒たちから不評で結局もとの学年対抗方式に戻しました」とい

う女子校も複数ありました。

プロジェクトの進め方も違うようです。

「運動会などでは裏方の力仕事ももちろん女子だけでやります。見ていると女の子はすごいですね。一見みんなちまちまとバラバラのことをやっているように見えても、最終的にはそれらを集めて大きなものをつくりあげるんです。一人一人がパートとして動いていて、『私はこれをする、これをする、これらをぜんぶ合わせれば完成！』という構想が各自の頭の中に自然に事前に共有できているんでしょうね。ああいう進め方は男性の集団には難しいなと思って、いつも感心して見ています」（四天王寺・山本《やまもと》先生）

要するに、男子の集団は命令系統をベースとした縦型の組織をつくるけれど、女子の集団は共感をベースにした横型の組織をつくるという違いです。

個人の能力や性格は、性別による違いよりも個人差のほうが大きい。女の子だからこうとか、男の子だからこうとか、性別によるステレオタイプ化がナンセンスであることはいうまでもありません。しかし、女の子だけの集団と男の子だけの集団では、集団として見た場合のふるまいが大きく違うのです。

男女別学校では生徒たちの素が出る

「男子校では男の子同士がくんずほぐれつ床を転がりながらスキンシップをとっていますよね。共学校ではあまり見られない光景ではないでしょうか。中学生くらいまでの男の子は実はまだまだ友達とのスキンシップが好きなんですよ。男子校では男の子の素が表に現われやすいということです。女子校で女の子同士はああいうスキンシップはとらないのですが、やっぱり女子校では女の子の素が出ます」（吉祥《きちじょう》女子・綾部《あやべ》先生）

一見フェアな世の中に見えることが罪

「女性の活躍とか男女共同参画社会だとかいわれていますが、本当の意味でフェアな世の中ではないと思っています。ダブルバインド[※4]な時代です。社会の意識も変わっていないし、保育園の整備など制度的なサポートも不十分。実際に女性がこの社会の中で活躍していくためには、強靱《きょうじん》な精神力で理不尽に耐えながらなんとか実《じつ》を取って、長期的にしたたかに取り組まなければなりません。一見フェアな世の中になったように見えてしまうところが逆に罪だと思います。『フェアな競争をさせてほしい』と中高生がイメージできるのは大学入試やせいぜい就職までですから、そこから先でうまくいかないのは自分の能力がないからだと納得させられてしまう。実に巧妙な罠《わな》だと思います」（桜蔭・齊藤先生）

---

4 **【ダブルバインド】** 日本語では二重拘束。2つの相反する要求をされ、身動きがとれなくなることです。ここでは、女性に対する社会の表向きのメッセージと実際の要求がズレていることを指しています。

社会構造そのものが女子の進路を狭めている

2018年には、フェアであると思われていた大学入試においても女性差別が行なわれていることが発覚しています。東京医科大の入試不正に端を発した医学部女性差別問題です。多くの医学部で合格者の男女比に大きな開きがあり、実際複数の大学医学部入試において、男性受験者が有利になるような得点操作が行なわれていたことがわかったのです。

医学部への入学は構造上、医師という職業に直結しており、離職率の高い女性を入口で排除しておきたい思惑が働いていたわけです。もちろん現状において女性医師の離職率が高いのは男女不平等な社会構造ゆえの結果です。

働きやすさより活躍しやすさ

「男性だけで考えると、育休期間を延ばすなど、勤務条件面に目が行きがちなのではないでしょうか。それはもちろん大切なことですが、働きやすさには、しくみだけでなく制度が使いやすい組織文化の醸成も不可欠です。さらに、将来企業のトップリーダーとして活躍する女性を本気で増やそうと思うのなら、『活躍しやすさ』に着目することも必要です。

女性の働き盛りにはピークが2つあると思います。第一子出産の平均年齢である30歳にさしかかる手前の20代のころと、子育てが一段落する40代半ば。ですから、女性を早いうちにリーダーに抜擢《ばってき》したり海外勤務をさせたりするなど、戻ってきてから活躍できる土台となる経験を積ませることが大切です。

卒業生を見ていると、条件のいい大企業の内定をもらっていても外資系企業とかベンチャー企業とか、早めに鍛えられる環境を選ぶ子が最近は目立ちます」（品川女子・漆先生）

「男らしさ」を手放そう

出産・育児のために妻が仕事を辞めて一生専業主婦になってしまった場合、世帯収入は億単位で減少するという試算もあります。夫が自分の出世競争のために妻にキャリア上の犠牲を強いたとして、その分を取り返せるのかという話にもなります。妻の自己実現よりも、世帯収入よりも、自分の出世欲を優先しただけではないでしょうか。

いくら高学歴・高収入なエリートでも、そのような男性をパートナーにすべきではないと、これからの時代は、優秀な女性ほどそう考えるでしょう。

逆に、とことん働きたい女性を、専業主夫のような立場で支える男性がもっと増えてもおかしくはありません。現在ではそのような男性はいまだに「ひも」などと揶揄《やゆ》されることがありますが、男女平等参画社会というのなら、そこも変えていかなければいけません。

世の中に無数にある思い込みのなかでも、特にこれからの男の子たちが意識的に手放していかなければならないのが、「男らしさ」の呪縛ではないでしょうか。

高度成長期およびバブル期くらいまでは、世界を舞台に24時間働き続けられるような男性が良しとされました。一家の大黒柱として家族を養うのが「男の甲《か》斐性《いしょう》」だとされていました。しかし働けば働くだけいい思いができる社会はすでに終わり、男性だって家事や育児をしなければならないし、性別に関係なくパートナー同士がお互いに自己実現をサポートできなければいけない時代になりました。

一方で、「男は弱肉強食の世界で稼いでナンボ」「男は弱音を吐いてはいけない」などという「マッチョイズム」[※5]が、男性の心の中だけでなく女性の心の中にもまだ根強い。

21世紀の男の子の親御さんたちのなかにも、「そうはいっても男の子なんだから、しっかり稼げる職に就かないと、将来お嫁さんがもらえないよ」とか「妻のほうが収入が多いなんてカッコ悪い」みたいな思い込みに縛られているひとは多いはずです。

しかし、その思い込みの外に飛び出して、自由になることが、これからの男の子たちには必要です。

---

5 **【マッチョイズム】** 旧来の「男らしさ」にこだわる姿勢や、男性優位主義のこと。

男子校でも「仕事を続けるか」の議論を

「高1くらいで『自分たちの生き方』について、クラスでディスカッションをします。そのなかには『どのような仕事を選ぶか』に加え『結婚しても仕事を続けるか』というテーマが話題になることもあります」（吉祥女子・綾部先生）

多くの女子校では、自分たちが女性であることを前提に、将来何を想定しておかなければいけないのかを考えさせる教育プログラムを用意しています。平均的に30歳前後で結婚して出産することを考えると、その前後のキャリアをどう設計するのか、10代のうちから考えておくべきだという話です。

しかしおそらく男子校で「結婚しても仕事を続けるか」が自然にディスカッションのテーマになることはありません。現在のこの社会においては、男性の場合、働かないという選択肢がほぼ認められていないからです。何歳くらいで育休を取るのかなど考えたこともないまま高校を卒業していくひとも現状では多いはずです。「大きな夢をもて」というようなことは言われるかもしれませんが、パートナーとともに歩む人生に対する想像力が著しく欠如していることが容易に想像できます。

共学校ならまだましです。近くに女子がいて、なんとなくそういう雰囲気を感じることができるからです。男子校では、同じ年頃の女子たちが、将来に対してどんな希望や不安を抱えているのかを感じる機会がまったくありません。そこが男子校に共通する最大のアキレス腱だと私は思います。

そこを補うために今後、特に男子校においては、パートナーとの関係性を含んだ生き方への問いかけがますます重要になるでしょう。

39億人とのコミュニケーションを学ぶ

「異性とのコミュニケーション」といった場合、「結婚できれば合格」とはなりません。好きになった異性と一生懸命コミュニケーションをとろうとするのは当たり前です。どんなに奥手なひとでも、このときだけは頑張ります。

しかしいくら意中の相手に自分の思いを伝えることができたとしても、地球上には約39億人の異性がいます。意中のひと以外の異性とまともにコミュニケーションがとれないとしたら、異性とのコミュニケーション能力は皆無に等しいといっていい。

これからの男女共同参画社会における異性とのコミュニケーション能力といった場合、本当に大切なのは、その他大勢約39億人の異性と、異性であるというデリカシーを保ちつつ、男女の関係を超えた対等なコミュニケーションがとれるかどうかです。

これが案外難しい。自分では親しくしているつもりでも客観的に見ればただのセクハラ発言になってしまったり、無意識のうちにジェンダー・バイアスにもとづいた発言をしてしまったりすることになるのです。それではこれからの時代は生きていけません。

プライベートにおける意中の異性とのコミュニケーションと、広汎な社会生活のなかでの39億人の異性とのコミュニケーションは、本質的にまったく別物です。そこのところをしっかりおさえておく必要があります。それが、性的多様性を理解するうえでの土台にもなるはずです。

都合のいい相手よりも、ともに歩みたい相手

「男女ではなくてひと同士という観点に立つべきなんです。ともに人生を歩みたいとお互いに思えるひとといっしょに生活すればよいと思います。男だからこうするとか、女だからこうしなきゃじゃなくて。結婚して、子どももいて、立派な仕事をして、出世して……という自分の自己実現のために都合のいい相手を選ぶのではなくて。結局はひと同士の問題なんですよ。だから人生のパートナーは男女に限らず、男男でもいいし女女でもいい。

生徒たちには『1回はパートナーといっしょに暮らしてみたら？』って言いますよ。すると生徒も『2回じゃダメですか？』って言うから、もちろん2回でも3回でもいいけどと話します。とりあえず1回はそういう経験をすると、やっぱり人生は自分だけのものじゃないことに気づけますからね」（吉祥女子・綾部先生）

第4章

「人権意識」を身につける

戦争がないことが平和なのではない

ひとたび戦争が起これば、人々の尊厳はいとも簡単に奪われます。でも、いくら戦争がなかったとしても、人々の尊厳が守られない社会は平和ではありません。平和とは、みんなの尊厳が守られている社会の状態だということができます。

命の大切さを思い知る

「普遍的な価値観として命の大切さを学んでほしい。殺したり傷つけたりしちゃいけないということだけではありません。相手を尊重する、相手が大事にしている理念をちゃんと理解する、人間一人一人を大切にするという意味です」（雙葉・和田先生）

命の大切さが理屈抜きでわかるひとになれれば、命を粗末にすることもなくなるはずです。「命」を「尊厳」や「人権」に置き換えても意味は変わりません。

雙葉だけでなく女子学院も神戸女学院も、平和教育を教育の大きな柱に据えています。体験的な平和教育を通して、戦争という愚かな行為のなかで粗末に扱われた命に思いをはせ、人間一人一人の尊厳の大切さを思い知り、さらに生徒同士で感じたこと考えたことを共有し、ときに意見をぶつけ合い、生き方を考えるうえでの指針とする。そうやって得た価値観を自分の信念として、それに従って生きなさいと言って卒業生たちを送り出します。

道徳と人権意識は似て非なるもの

道徳とは「こういう場合にはこうふるまうべきだ」というような、ある文化において経験的に得られた、人間関係をなめらかにする集合知のようなものです。一方「人権」は近代以降に発見された概念です。道徳や倫理が文化依存的だったり相対的だったりするのに対し、人権は文化的背景にも人種にも国籍にも障害の有無にももちろん性別にも影響されない絶対的な価値です。

たとえば、全体のために個人を犠牲にすることが道徳的に「正しい」とされる可能性があります。一方、全体のために個人に犠牲を強いることは、人権の立場からは原則的に認められません。何が主体か、どこに視点を置くかによって、道徳から導き出される正解は変わりますが、人権は普遍です。それが道徳と人権の違いです。結果的に似ている部分も多いですが、根本的な発想が違います。

教育虐待は人権侵害

親は、毎朝子どもが起きてきて、文句を言いながらも学校に行き、自慢できるほどではない成績をもらって帰ってくることを当たり前だと思ってしまいがちです。しかしそこに深い闇につながる落とし穴が潜《ひそ》んでいます。当たり前の上にあぐらをかき、知らぬ間に子どもの人権を侵害してしまっていることがあるのです。それが「教育虐待[※1]」です。

虐待と聞くと「なぜわが子にそんなことができるのか？」と心が痛みますが、教育熱心な親御さんたちは「あなたのため」という極めて道徳的な判断から子どもに過度な教育を強いていました。彼らに足りないのは道徳心ではなく、人権意識なのです。

1 **【教育虐待】**子どもの受容限度を超えて勉強させること。そのために精神的・肉体的苦痛を与えることもあり、前提として受験・進学について本人の意思を軽視・無視していることも多い。どこまでが教育熱心で、どこからが教育虐待になるのかという線引きはありません。詳しくは拙著『ルポ教育虐待』（ディスカヴァー携書）をご参照ください。

必要なのは道徳教育よりも人権教育

いじめ、虐待、経済格差などの問題も、道徳的な観点から見るとそれぞれの立場での〝言い訳〟が成り立ってしまいます。しかし人権の観点から見れば、どんな立場からでも目指すべき共通のゴールが見えてくるはずです。

社会全体の人権意識が低ければ、虐待、差別、不平等が見逃されやすくなります。一部のひとの人権が侵害されていても、「だってそのほうが社会全体としたら合理的だから」みたいな理屈も成り立ってしまう。

日本のジェンダー・ギャップを縮小するには、やはり人権意識の涵養《かんよう》が不可欠でしょう。性的マイノリティや難民の問題も関係します。Black Lives Matter[※2]の運動もありました。

これらの問題はかわいそうだとかいう感情論ではなく、何が道徳的かとか、何が合理的かという相対的な評価でもなく、シンプルに、人権が守られているかという観点で議論されるべきだと私は思います。

日本では近年、道徳が教科化されました。いまの政府は意図的に人権教育を避け、道徳教育や主権者教育という言葉で置き換えているように私には感じられます。しかしこの混迷する時代に必要なのは、道徳教育よりも人権教育だろうと私は強く感じています。

---

2 **【Black Lives Matter】** アメリカで白人警官による無抵抗の黒人への暴力や射殺事件が頻発していることから生じた、人種差別撤廃を訴える運動。#BlackLivesMatter（黒人の命を軽視するな）というハッシュタグ（目印）が、ＳＮＳを通じて世界中に拡散しました。

性教育は人権教育

「性教育って〝How to Sex〟みたいに思われがちじゃないですか。でも性について考えるならば、どうやって自分が生きていくかとか、他人をどう大切にしていくかを考えることがベースになきゃダメなんです。要するに人権教育です。

性の問題を保健体育で取り扱うのはもちろんなのですが、視点を変えてたとえば社会科では男女雇用機会均等法を取り扱います。家庭生活の観点からは家庭科で。生殖という科学的な観点からは理科で。もちろん避妊についても、LGBTs[※3]のような性の多様性についても学びます。本校の生徒たちはそういうところもしっかり勉強しているので、いろんな違いを受け入れられるようになっていると思います。

ジェンダーの縛りから解放されるという流れでいうと、男女だけが縛りではありません。私は卒業間際の生徒たちに、借金してでも海外に行きなさいと言っています。広い世界に

自分をさらす機会をもちなさいということ。男女を超えて、国も超えて、いよいよ『じゃあ、自分とは何だろうか』ってことを見つけてほしいなって。そのような視点をもっていれば人間として、性別も人種も国籍も宗教も超えて共通のゴールにたどりつけるんじゃないかって思いますね」（吉祥女子・綾部先生）

3【LGBTs】L＝レズビアン（女性の同性愛者）、G＝ゲイ（男性の同性愛者）、B＝バイセクシュアル（両性愛者）、T＝トランスジェンダー（出生時の性別に違和感をもつ性別越境者）を示します。さらに〝s〟を付けることで、4分類以外の多様なセクシュアル・マイノリティ（性的少数者）を含めて総称する表現です。

教育だけでは子どもを守りきれない

子どもたちを性被害から守るため、積極的な性教育をという声が強まっています。その声は間違っていないと思います。

でもそれ以前に、性の問題についてしっかり向き合っている大人が、この社会にどれだけいるでしょうか。性について子どもに語る資格がある大人がどれだけいるでしょうか。

政治家、官僚、芸能人などの性的なスキャンダルの数々には目を覆いたくなります。就活生をターゲットにしたセクハラも多いようです。相手が中学生や高校生と知りながら、本気で恋に落ちたわけでもないのに性的関係をもとうとする、場合によってはお金の力を利用してまで性的に支配しようとする大人は何なんでしょうか。誰しもが聖人君子のようにふるまえと言うつもりはありませんが、それにしても情けない。

大人社会における性に対する感受性が幼稚であれば、子どもたちの性に対する感受性も健やかに育つわけがありません。性が単なる享楽の対象として消費されるような社会では、子どもたちに限らず社会的に立場の弱いひとたちが性的な意味でも搾取される側に置かれかねません。

もともと社会的なレベルで存在した性に対する認知の歪《ゆが》みが、ネットの普及とあいまって、子どもにまで強い悪影響を与えているように思えてなりません。

子どもがネット上でのトラブルに巻き込まれないためにとか、子どもが性犯罪にあわないためにと、大人は子どもたちを適切に教育しようとしますが、そもそも問題をつくっているのはどう考えても大人たちです。

空襲の中で「爆弾にぶつからないように歩きなさい」と指導するようなものです。子どものせいではありません。空襲を止めなければ、いつまでたっても被害はなくならないでしょう。

性教育は早ければいいというものでもない

WHO（世界保健機関）やユネスコ（国際連合教育科学文化機関）は5歳くらいから子どもの発達段階に応じたセクシュアリティ教育※4を始めるようにと提唱しています。しかしその内容は、いきなり性行為について直接的に教えることではありません。単なる〝知識〟として性行為そのものや、まして避妊や性感染症に関する情報を幼児に教えることは、幼児に二次方程式や古文単語の活用を教えるようなものです。それではまるで性に関する早期英才教育になってしまいます。

このガイドラインは学校で活用されることを前提につくられていますし、たとえば性教育の先進国といわれるフランスでも、親や教師のように日常的に子どもに接する大人よりも一見《いちげん》さんの専門家のほうが性教育は行ないやすいとされているようです。できれば家庭でもこのガイドラインを参考にして、少なくともセクシュアリティについてネガティブな印象を子どもに刷り込まないように気をつけるべきですが、何から何まで親の責任だと抱え込まなくてもよいようです。

ただし、日本の性教育はさきほどのガイドラインに比べるとたいへん貧弱です。グローバル教育もＩＴ教育も結構ですが、21世紀を生きる子どもたちを育てるというのであれば、性教育も国際水準を意識する必要があるのではないでしょうか。

4**【セクシュアリティ教育】**「性の健康世界学会」が発表している「性の権利宣言」によれば、「セクシュアリティ（性）は、生涯を通じて人間であることの中心的側面をなし、セックス（生物学的性）、ジェンダー・アイデンティティ（性自認）とジェンダー・ロール（性役割）、性的指向、エロティシズム、喜び、親密さ、生殖がそこに含まれる。セクシュアリティは、思考、幻想、欲望、信念、態度、価値観、行動、実践、役割、および人間関係を通じて経験され、表現されるものである」とのこと。最近では世界的に、「性教育（sex education）」という呼び名から、「セクシュアリティ教育（sexuality education）」や「包括的性教育（comprehensive sexuality education）」という呼び名に変わってきています。

セックス観は「どう生きるか」につながる

「たとえば、好きな女の子に告白するとき、ラブレターを書くときには、いくら言葉を刻んで記しても想いを十分には表現できないものです。しかし、心を込めて言葉を綴《つづ》った文章は、言葉で伝えられることを伝えるのと同時に、言葉では伝えられないことも伝えてくれます。

身体に触れるというのも、直接は触れることのできない心に触れるということでもあります。そっと、やさしく触れ合う。ぎゅっと抱き合う。その繊細さ、感受性が大切だと思います。こんな話を、具体的な例とともに語っていきます。言葉で、身体で、心で、語り合い、触れ合い、コミュニケーションし、愛する。理想的すぎるかもしれませんが、そういう話も必要だと思っています。

生徒の『セックス観』がどのように形成されていくのかは、ひととひととのつながりを

考えるとき、とても重要なことだと思っています。それは、ひとを『愛する』ということと深く結びついています。さらに、そのことは、自分がどう『生きる』かということについて、心の奥の基盤になっていると思います。そのことを時代はないがしろにしているのではないでしょうか」（桐朋・荒井《あらい》先生）

性がひとの愛と尊厳とに深く関わる問題であり、秘めればこそ尊いものでもあり、かといって恥ずかしいものではなくむしろ神聖な概念であることを実感と信念をもって伝えなければ、本当の性教育とはいえません。

しかも性とは、そもそも言語化できないものの最たるものですから、テキストや言葉で伝えきれるものでもないと思います。時間をかけて少しずつ、子どもの血と肉に染み込ませていくしかありません。

このことをつゆほども理解していない大人が、表面的に生殖についての知識だけを語っても、おそらく子どもたちの心には何も響かないでしょう。

性教育と平和教育はつながっている

性教育と平和教育は実は一本の道でつながっているといえるのではないでしょうか。個人の奥深いところにある性を出発点にするか、戦争という世界的悲劇を出発点にするか。どちらから出発しても究極的には、「自分を大切にすることは他人を大切にすることであり、他人を大切にすることは自分を大切にすることであり、お互いを大切にできるひとが増えれば自分だけでなく社会全体が守られる。社会が守られれば自分自身もまた守られる」という結論にたどりつきます。

どちらから出発してもどこかで同じ地点を行き交い、反対側の出発点に到着する。そこで再び折り返し、逆向きの風景を見ながら、もと来た道を戻る。そうやって自分と世界をつなげていく。そういう旅を、10代のうちにとりあえず一往復は経験させておくことが重要であると、名門校の教育は教えてくれているような気がします。

第5章

人生を「自分で決める」ために

正解がない時代に、子育ての正解なんてない

「これからは正解がない時代。そんな時代に生きていかなければいけない子どもたちに、いま、どんな子育てをすることが正解でしょうか？」という、冗談のような質問をされることがよくあります。「これが正解だ」というものを与えられ、それに適応するための教育を受けてきた世代が、正解主義を脱ぎ捨てることができぬまま、正解がない時代の教育を語っているのです。

でも、人類は常に予測不能な未来に、その都度適応しながら生きてきました。もともと正解がない世界を生きる達人です。なぜそんなことができたのか。人間は、事後的に「正解」をつくり出す能力に長けていたからです。状況が変わりいままでうまくいっていたことがうまくいかなくなっても、やり方を変えてみて試行錯誤して最終的にはうまくいく方法を見つけ出す。要するに失敗から学ぶ能力に長けていたからです。

思い込みを手放すたびに自由になる

「『試行錯誤』って、常に自分の『前提』すなわち『思い込み』を疑い、そこから解放されることですよね。結局『幸せ』もそうなのかなと思って。お金持ちになるとか、有名になるとか、そんなところに価値はなくて、いままで見えていたまったく同じものが、ある瞬間にすごく輝いて見えるようになるって体験が『幸せ』なんじゃないかな。その瞬間が『奇跡』だし、ひとはまたひとつ『自由』になれるってことですよね。その意味では、僕は自分自身が自由になるために教育に関わっているのだと思うし、子どもたちにも自由になってほしい。子どもはもともと自由なんですが、成長に伴って社会化していくなかで、たくさんの思い込みを身につけ、不自由になっていきます。それは仕方ありません。だからこそ、自由になる方法を身につけてほしい。自分で奇跡を起こせるひとになってほしい」（栄光《えいこう》学園・井本《いもと》先生）

お金や名誉があっても自由にはなれない

みんなが認める〝いい学校〟に行きたいと思うのも、みんなが認める〝いい会社〟に入りたいと思うことも、お金をたくさん稼ぎたいと思うことも、有名になりたいと思うことも、名誉を得たいと思うことも、それこそがひとそれぞれの「自由」ではないかと訴えるひとがいるかもしれません。

でも、その「自由」はあくまでも自分の外側にある権威や価値を前提にしたものです。いくら稼いだって、お金は使えばなくなってしまいます。ほめてくれる他人がいなければ、有名になることも名誉を得ることもできません。自分以外の何かに寄りかからないと価値が証明できない人生は、本当の自由な人生ではありません。

自由とは、無限の問いの集合体

常に「お前は何を感じているんだ？」「お前は何を考えているんだ？」「お前はどうしたいんだ？」「お前にとって大切なものは何なんだ？」と問われ続ける状態こそ「自由」です。要するに「自由」とは無限の問いの集合体です。

自由であればあるほど、問いはどんどん溜まっていく。問いを問いとして抱え続ける強さがなければ自由には耐えられません。自由であり続けるために大切なのは、むしろ簡単に答えを出さない力です。

反抗期は、哲学している証拠

問いを問いとして抱え続けるとは、俗にいう〝哲学する〟ことです。著名な心理学者のジャン・ピアジェ[※1]は、14歳くらいから、高度に抽象的な思考ができるようになる、すなわち哲学ができるようになるといいました。

14歳といえば反抗期の真っ盛り。哲学をしはじめるからこそ、いろいろなことに疑問をもち、強い葛藤を感じ、でもまだそれを的確に言語化できないから、大人に対して、社会に対して、反抗的な態度を示すようになるのです。

つまり反抗期が表われるのは哲学をしている証拠。逆に反抗期がないのなら、問いを問いとして抱え続ける強さが磨かれていないということ。それでは将来が心配です。

しかし日本の教育システムでは、14歳という大切な時期に、高校受験勉強が重なります。この最も多感な時期に同世代の子どもたちが一斉に競争させられる高校受験のようなしくみが世界的に見て稀であることは、知っておいたほうがいいでしょう。

何年か前、哲学者・吉《よし》野《の》源三郎《げんざぶろう》原作の『君たちはどう生きるか』が漫画化され、ベストセラーになりました。主人公のコペル君も14歳です。哲学をしはじめ、さまざまな葛藤を味わいます。原作が著されたのは１９３７年。戦前です。コペル君が通っていたのは、旧制5年制中学校。現在の中高一貫校とほぼ同じしくみの学校です。つまり高校受験がなかったからこそときには不登校も経験しながら、コペル君はめいっぱい哲学できたのです。

14～15歳という年頃は、旅に出て、本を読み、冒険し、失敗し、仲間とぶつかり合うなかで友情を育《はぐく》み、親や先生以外のいろいろな大人の価値観に触れ、自分を知り、世界を知る時期なのです。紙と鉛筆で勉強している場合ではありません。

1 **【ジャン・ピアジェ】** スイスの心理学者。１８９６～１９８０年。人間の思考の発達段階を、０～２歳を感覚運動期、２～７歳を前操作期、７～11歳を具体的操作期、11歳以降を形式的操作期と分類しました。形式的操作期とは、抽象的な概念を論理的にとらえられるようになる時期ですが、特に14～15歳で「形式的操作の組織化の時期」に入り、抽象的思考が高度化するとピアジェはいいます。

子どもを家猫にしてはいけない

親子関係さえ良好ならば、親の管理下で好き放題できる。友達なんていなくても構わない。でもそれは、いわば、ストレスフリーなペットです。思ったことを実現しようとしたり、世界を開いていったりする自由とは対極にある自由といっていいでしょう。

「『自由って何だろう？』『最終的な自由って何？』って生徒たちに考えさせます。答えはもちろん一人一人違うだろうけども、『檻の中での自由』であってはダメなんだよってことだけは伝えたいと思っています。まず前提として、大人がそれを理解していないと話にならないですよね。まわりの大人がそれを理解していないために、自由を履き違えたり、自分にとって心地いいことが自由だと思ってる子たちも結構いるんじゃないかなって思ってます」（東大寺《とうだいじ》学園・榊野《さかきの》先生）

間違った自由が、自由な社会を壊す

自由の意味を理解していない市民が多い社会では、市民が、お互いの権利を認め合うのではなく、お互いに権利を主張し合うようになります。折り合いを付けるため、どんどん法律が増えます。逆に、法律で禁止されていないことならどんなことをするのも「自由」だろうという考えが広まります。どんどん悪循環になっていきます。いたるところで諍《いさか》いが起こります。民主主義が機能しなくなり、いつしか社会は、強力な権力者の出現を求めるようになります。それが自分たちの自由の息の根を止めることも知らずに。

自分だけのモノサシで自由になる

自分の人生がダメなんじゃないかと弱気になるのは、たいてい自分を他人と比べてしまっているときです。でもそんなときこそ、四天王寺の先生方の表現を借りるなら、学校で得た「法灯明《ほうとうみょう》※2」をもとにして、いよいよ「自灯明《じとうみょう》※3」を点《とも》すのです。そのときひとはようやく世の中にある既成のモノサシから解放され、自分自身の「人生のモノサシ」をもつことができます。このとき、ひとは真に自由になれるのです。

お釈迦《しゃか》様の教えのことを「法灯明」といいます。仏教でいう「法」は、法律ではなくて世の摂理や真理みたいな意味です。まずはそれを子どもたちに伝えます。それをヒントにして、今度は子どもたちが自分で自分の足下を照らしながら生きる一本の道筋を見つけていく。それを「自灯明」といいます。

まず仏教の時間において法灯明に触れ、それを核としてさまざまな経験をし、数学だの英語だの理科だの社会だのの勉強もして、大学でも学問し、社会に出てからも学び続け、その結果ようやく自分なりの生き方すなわち自灯明が見えてくる。自灯明こそ、先の見えない世の中を照らす灯りであり、はじめに法灯明がなければ自灯明も見えてこないというわけです。

確固たる自灯明をもって生きられるひとを育てることが教育の目的であると考えれば、グローバル社会への適応など些《さ》末《まつ》なことにすぎません。

2・3【法灯明・自灯明】 お釈迦様が亡くなる直前、「自らを灯火とし、自らをよりどころとしなさい、他をたよりとしてはならない。法の教えを灯火とし、よりどころにしなさい、他の教えをよりどころとしてはならない」と弟子たちに伝えたといわれています。そこから仏教では、お釈迦様の教えである真理を法灯明、他人任せにせず自分自身と向き合いながら自らが生きる道を見出すことを自灯明といいます。

自分のなかの絶対的な価値観こそ賜物

キリスト教では、神様から与えられた才能を「賜物《たまもの》」と呼びます。与えられた賜物をしっかりと磨き上げ、使うことこそ、そのひとの人生に与えられた「使命」だとされます。

「**賜物とは、何かがひとよりも得意だとか、何かをひとよりも多くもっているとか、そういうことではありません。自分のなかで、それが良いものであると認識できるのなら、それは育てるに値する賜物です**」（女子学院・鵜﨑先生）

ひとと比べたり、社会の風潮に流されたりするのでなく、自分のなかに絶対的な価値観や信念をもつ。その価値観や信念こそが賜物であり、それに従って生きることこそがそのひとの使命であるということです。

ビジネスでの成功は教育の目的ではない

「『（この学校では）大学入試のために何をしてくれるんですか？』『（この学校で）就職に役立つスキルは身につくんですか？』などと言われても、それは目先の目標でしかなくて、『そのあとはどうされるんですか？』という話なんです」（女子学院・鵜﨑先生）

大学入試は通過点であって目標ではないと誰もがいいます。でもその通過点の先に何を見据えているのか。それがただ単にビジネスでの成功だとしたら、あまりにせこい話です。

自分なりの信念をもって「凧を揚げる」

「若いころからあれもできるようになって、これも身につけて、世の中の風に乗って意識高く飛び上がっても、根本に真の価値観をしっかりと結びつけておかなければ、糸の切れた凧《たこ》のようになってしまいます。自分なりの信念をもって凧を揚げなさいということです」（雙葉・和田先生）

何ができる・できないよりも、何を大切にして生きるかが人生においてはよほど重要であるという指摘です。

明確な目標なんてなくていい

「『中学生のうちに目標を見つけたら高校になって勝手にどんどん伸びる』と言うひともいますけれど、そんなに簡単なことではないと思うんですよ。

中高生のうちは『あれがいいかな、これがいいかな、いやダメだ！』ってまだまだ悩みに悩んでほしいんです。

迷って、悩んで、そして腹をくくってやってみるから、苦しいときも踏ん張れる。そこまでやってもうまくいかなければ、悔しいけれど、爽《さわ》やかな気持ちであきらめられる。だから前向きな気持ちで方向を変えられる。これが大人になって必要な力なんですから、それを中高生のうちにたくさん経験しておいてほしいんです。

中学生のうちに決めた目標なんて、すぐに変わってしまうものだし、それでいいんだと思いますよ」（鷗友《おうゆう》・大内《おおうち》先生）

夢より、自分軸をもつことが大切

「若者が将来に対する明確なビジョンをもてないことが悪いことのようにいわれる風潮があります。でもいまの世の中は昔ほど単純じゃないんです。

うちの生徒のなかにもときどき『将来のことを具体的に決められないのはダメなんですか？』と聞いてくる子がいます。私は『いいんだよ！』と答えます。

将来に対するビジョンをもつことは決して悪いことではありませんが、一方で柔軟性も必要です。たしかに仮想でもいいから一つ目標を決めてしまうと楽なんだと思います。目標があるととりあえず頑張れますから。でもそれが本質的に大切かというと、違うような気がします。

夢をもつことは立派ですが、それよりももってほしいのは、自分はこういうことをしていると楽しいんだというような自分軸です。仮にやりたくない仕事に就かなければいけなくなったとしても、自分をしっかりもって続けていれば、自分なりのやり方や喜びを見出すことができるはずです。自分に合わないからやめるのではなくて、どんなことにも自分らしく取り組む姿勢が大切です。

最初から一点を目指すのではなく、幅をもった選択をしながら、その選択基準にブレない軸さえあれば、間違った選択にはならないはずです。

10年先を見据えられるひとはそれはそれでいいですが、無理して10年後のことを決める必要はないと私は思っています。大事なのは、何を選択するかではなく、選択したあとに、『あの選択で良かったんだ』と思えるように努力をすることです」（豊島岡・竹鼻先生）

「夢をもて」は無責任

子どもが夢に向かって努力をしているのを見ると大人は安心するので、つい「夢をもて」と言いたくなります。でもそれは大人自身が早く安心したいだけではないでしょうか。するとその〝夢〟は、子どもに努力を強いるための圧力として利用されかねません。「あなたの夢なんでしょ！」みたいに。無理やりこしらえた〝夢〟や〝目標〟に向かって、無理やりレールを敷かれてしまうわけです。

そういう大人に煽《あお》られて自分の夢を無理やりねつ造してしまうと、子どもは自分との対話をやめてしまいます。自分をだますことに慣れてしまいます。迷って、悩んで、そして腹をくくる経験が乏しいまま大人になってしまいます。本当の自分の心の声に耳を傾けたことがないので、たとえば就活のときに苦労します。自分が本当に大切にすべき価値観がないので、社会人になってから自分探しの旅に出てしまったりします。

自分が純粋に没頭できるものに集中すべき

「『いま君がやろうとしているそれは、社会のどんなところに役立つと思う？』みたいな問いも、よく中高生に聞くひとがいるじゃないですか。あれもおかしい。

うちでもね、『社会に役立つひとになりなさい』と言いますよ。でもそれは『他者のためを考えられる生き方をしなさい』という意味であって、『理論を学ぶ理学部に行っても世の中の役には立たないから直接的に世の中の役に立つ技術を学べる工学部に行きましょう』という話ではありません。

どんなことを学んだって、その先にいろんな新しい世界が広がるわけですから、中高生のうちは損得勘定なんてしないで、自分が純粋に没頭できるものに集中すべきです」（鷗友・大内先生）

咲けないときは、下へ下へと根を張る

ノートルダム清心《せいしん》学園の元理事長でカトリックのシスターであった渡辺和子《わたなべかずこ》さん※4が残した有名な言葉に「置かれた場所で咲きなさい」があります。

しかし広島のノートルダム清心中・高等学校を訪れたとき、校長の神垣《かみがき》しおり先生は、その言葉には続きがあることを教えてくれました。

「置かれた場所で咲きなさい。どうしても咲けないときには、無理に咲かなくてもいい。その代わり、下へ下へと降ろして、根を張るのです」

---

4 **【渡辺和子さん】** カトリックのシスター。１９２７～２０１６年。９歳のときに二・二六事件に巻き込まれ、教育総監だった父親を目の前で殺害されるという壮絶な経験をしています。著書『置かれた場所で咲きなさい』は累計３００万部を超えるベストセラーになっています。

親が先見の明を誇ってはいけない

「人生は失敗しないほうがいいと思いがちだけど、人間は失敗から学ぶんよ。たとえばアニメの世界を目指したいと言って専門学校に行っても厳しい世界だからなかなか思い通りにはいかないかもしれない。でも、自分で選んで『間違ってたな』と本人が思ったらそれはそれでいいわけで。

最悪なのは子どもが失敗したときに『だから最初からダメと言ったじゃないの』と言うこと。そこで自分の先見の明を誇ってどうするの？　ダメと言われてあきらめるくらいならその程度ということですけど。親がダメだと言ってもやっぱりやりたいんだと言うのなら、やらさなしょうがないでしょう。やってみさせて、応援したらいいんですよ。

我慢して見守って、失敗したときには『よう頑張ったね。じゃあ、次どうする？』と手を差し伸べてほしい。そう言われたら子どもはどれだけ救われるか」（灘・大森先生）

子育ては自然保全に似ている

「自然を守ろうというときに、野山にまったく手を入れずそのままに放置しておくのが保全ではないんですよね。人間にとっての自然とは、共存できる関係です。そういう自然を保全するならば、近年『里山』と人間の関係が注目されているように、ある程度手を入れる必要がある。基本的には自然のなすがままにしておきながら、ときどき最低限の手を入れてあげる。同様に、自然を見るようなおおらかな目で子どもを見てあげられるといいのではないでしょうか。

木は必ず曲がるものなのに、それをまっすぐに育てることが自分の責任だと思うから、いつまでも支柱に縛りつけるような子育てになってしまい、親にとっても逃げ道がなくなってしまうのだと思います。人間が人間を見る目自体が貧弱になっているのかもしれません」（武蔵・加藤先生）

子育ての不安に打ち勝つ

親の不安に耐える力が、子どもの自由に耐える力につながるのです。

第6章

焦らずに「土台」をつくる

幼児期の皮膚感覚が人生の土台になる

「実体験をいっぱいさせてほしい。それは親にしかできないから。それこそ、土の上を裸足《はだし》で歩かせるとか、春の季節のこの感覚を味わわせるとか。電車が好きだったらどんどん乗せるのもいいし、動物が好きなら見に行ったり触らせたりするのもいいし。市場なんかに行くといいけれど、なければスーパーでもいい。野菜の名前も魚の名前も知らない子、多いですからね。

いまの子どもは想像力がないとか、小説を読まないとかよくいうじゃないですか。でも、想像力を発揮するにはベースがいるんですよ。ベースがなければ想像力は出てこないし、想像力がなければ小説を読んでも場面をイメージできません。イメージや類推のベースを、いかに小さいときにつくってあげるか。どこに行ったとかいう記憶はどうでもいいんですよ。大切なのは皮膚感覚です。小さいときから字を覚えるとか、計算ができるとか、どうでもいい。すべてのことを体験できるわけじゃないので、なんぼ実体験させてくださいと言ったって限度があるんだけど。ある程度実体験していると、そこから類推できます。

知識からの類推は、大きさとか肌触りとかたぶんわからないと思う。たぶんね。体験を伴ってるほうは、微妙であったり、広かったり、変化とか時間軸が入ってくるし。知識にはなかなか時間が入っていないんですよ。やっぱり、空間的広がり、時間の流れ、におい、変化とか、実体験を伴わないとなかなか身につかない。同じ木でも、季節によって表情が全然違うし、生物とかでも、それこそ成長があるし、命がなくなったら腐ることもあるし、全然違うと思うんですよね。

だからってわざわざ世界遺産の大自然に連れて行く必要はない。そりゃ親が行きたかったら行けばいいんだけども、もっと身近なところでいっぱいあるやろう。道ばたにお花が咲いていたら、名前を知っているかどうかじゃなくて、『お花が咲いてるね。きれいだね』でいいわけですよ。子どもは動いているものが大好きですから、虫がいたら『あ、虫さんだ！』と。『虫なんて触るんじゃありません！』じゃなくて。

刺されて腫《は》れたりしたら、その分、体験が増えて良かったと思わなきゃ。子どもにとったらぜんぶすばらしい、目新しい世界だからね」（灘・大森先生）

「困ったちゃん」ほど期待できる

たとえばスーパーのお菓子売り場で床に大の字になって泣きわめいてでも自分の目的を達成しようとする粘り強さはそのまま「やり抜く力」となります。どうやってもうまくできないことはさっさとあきらめて別の何かに取り組む切り替えの速さは「臨機応変な対応力」ともいえます。

身の回りのあらゆるものに興味を示し、いたずらという実験をくり返すのは好奇心の表われです。「自己主張する力」がある子どもは、友達と衝突してでも自分の意志を伝えようとします。利害のぶつかる相手とのうまい落としどころを探る経験を経て「交渉力」を身につけます。

「困ったちゃん」と呼ばれてしまう子どもたちの特徴も、見方を変えればこれからの時代を生きるために重要な素質だととらえられます。

歳をとり理性が成熟すれば、問題行動は自然に影を潜めます。粘り強さや好奇心はそのままに、ひとに迷惑をかける言動は自然に慎むようになる。叱らないと問題行動をいつまでもやめないと思うのは、大きな誤解です。

もしいい年齢になっても問題行動がやまないとしたら、おそらく原因はしつけではありません。なんらかの不満があり、無意識的に成長を拒んでいる状況と考えられます。

ありのままの自分の姿を認めようとしてくれない親に対して、無意識的に、わざと親の望むのとは逆方向へ進むのは、よくあることです。

夢中になる感覚を経験する

「早期教育の幻想ってありますよね。幼いうちに少しでもリードしておこうと思うのでしょうけれど、幼児のころに多少他人より先に進んでいても、そのうちその差は消滅します。大人になって役立つスキルを早く身につけることよりも、何かに夢中になる感覚を経験することの意味のほうが大きいと思います」（武蔵・高野橋先生）

「ふざけ」「いたずら」「ずる」「脱線」を止めない

「そもそも子どもが『ふざけ』『いたずら』『ずる』『脱線』をしているときは、いちばん自分の頭で考えているときなんです。それをむやみにストップしてしまうのはもったいない。むしろそれを活かさないと。一般的には悪いとされることのなかにも、子どもの良いところを認めるようにすると、子どもはどんどん自分で考える子になっていきますよ」

（栄光学園・井本先生）

いましかできないことをする

先生たちの意見をまとめると、「大人になってからできることは大人になってからやればいい」ということです。

もちろん本人がプログラミングに興味があればやればいいし、英語に興味があればそれを夢中になってやるのは大歓迎だと思いますが、幼いうちは幼いうちにしかできないこと、成長してしまってからは後戻りして体験できないことをたくさんすべきということです。

そういう体験が抜け落ちたまま成長することのほうが怖い。

中高生まではiPS細胞みたいなもの

「中高生まではiPS細胞[※1]みたいなもの」（四天王寺・稲葉先生）

特定の機能を強化するのではなく、将来どんな役割を担うことになっても通用するような汎用性の高い能力をバランス良く育てておくべきだということです。変化の激しい時代においては将来自分がどんなことを武器にするかわからない。だからこそスペシャリティ涵養の前提として、汎用性の高い能力の土台を築いておくべきだということです。

---

1 **【iPS細胞】** 京都大学の山中伸弥教授らのグループが2006年に作製に成功した多能性幹細胞。さまざまな組織や臓器の細胞に分化する能力と、ほぼ無限に増殖する能力をもっており、再生医療を実現するために重要な役割を果たすと期待されています。ここでは、無限の可能性を秘めた中高生を、さまざまな細胞になれるiPS細胞にたとえています。

子どもの成長は人類の進化の歴史をたどる

「個体発生は系統発生をくり返す」といわれます。たとえばヒトの胎児は胎内で、まるで生物の進化の歴史をたどるように成長しますよね。この世に「おぎゃー」と生まれ出てからも、個体発生が系統発生をくり返しているともいえます。ただしそこから先は、人類の進化の歴史をたどります。

赤ちゃんははじめ、言葉をもちません。知能も低い。その代わりに宇宙を五感で認知していきます。音楽や踊りに反応することから他者とのコミュニケーションを始めます。原始の人類がそうであったのと同じです。

やがて言葉を獲得します。言葉を使って自分を取り囲む宇宙を理解しようとしはじめます。「なんで空は青いの?」「水平線の向こうには何があるの?」。おそらく古代のひとたちも同じ疑問をもっていたことでしょう。彼らはやがて文字をもち、時空を超えてコミュニケーションができるようになります。
中世になると、これらの素朴な疑問を、科学の力が解き明かしていきます。幼児～児童期が古代人に相当するとすれば、大人は現代人。その端境期《はざかいき》に当たる思春期は、さしずめ中世から近代における人類の知的進化を追体験する時期です。教育課程でいえば、中学校・高校がちょうどそれに相当します。

人類が数百年をかけて獲得した知的財産を一気に身につけなければならないのだから大変ですが、過去の人類が獲得した知的財産の文字情報の部分だけを頭に詰め込んだり、最新機器を用いて中世の科学者の試行錯誤をスキップしてしまったり、特定の分野だけを勉強したりするのではあまり意味がありません。

大事なのは、実際に中世や近代の人々が経験した試行錯誤を、面倒でも一通り追体験し、その経験を体中の細胞に染み込ませることです。中世の科学者が素朴な実験器具を駆使して科学的真理に迫ったのと同じような体験をすることに本質的な意味があります。

それをして初めて本当の現代人として人類のフロンティアに立てるのです。そこから先は未知の世界。学問的あるいは技術的に人類の知的地平線を広げる役割を担ったり、21世紀社会という環境から糧を得る方法を考えたりするのです。

「強いて勉める」から「問うて学ぶ」へ

「勉強」とは「強いて勉める」こと、「学問」とは「問うて学ぶ」こと。たとえるなら、勉強とは地中に根を張るようなこと、学問とは天に向かって幹や枝葉を伸ばしていくようなこと。

先人たちの知恵を効率よく吸い上げられるように根を縦横無尽に張り巡らせることで、初めて誰も到達したことのない空中へ枝葉を伸ばすことが可能になります。

「教科」は人類の発明品

人類の先達《せんだつ》が手分けをして発展させてきた各学問分野のエッセンスを、短期間で一通り学べるように練りに練ったものが「教科」です。ものすごい発明品だと私は思います。「実社会には教科の枠組みなんてないのに、学校の中にだけ教科という概念があるのはナンセンスだ」と言うひとが昔からいますが、とても残念です。

少なくともいわゆる「普通科」の学校は、世の中で直接的に役立つことを教えてくれる職業訓練所のような場所ではありません。そもそもこの場合の「普通」とは「凡庸的」という意味ではなく「普遍的」という意味です。人類の叡智を一通り吸収しそれを応用すればどんな社会になっても生きていけるはずだということが前提になっています。

各教科の視点から世の中を見る

目の前に1つの卵があるとしましょう。それを家庭科的な視点から見れば、「これで卵焼きをつくりましょう」みたいな発想になりますし、そのなかでも栄養学的な観点から見れば、「卵にはどんな栄養素が多く含まれていますか?」という話になります。数学的な観点から見れば、「この卵の容積を量るにはどうしたらいいか?」という話題も可能です。社会科的な視点からは、「なぜこの卵が、スーパーで1個20円で売られているのか。どこで生産されてどうやって流通して、どこで値段が決まるのか」という話をすることができます。理科的な観点からは「そもそもこの卵が何の卵であるかを、どうやったら確かめることができるか」という問いを立てても面白いでしょう。

もっと切実なテーマでいうなら、原子力発電をどうとらえるかみたいな問題も、社会科的な観点、理科的な観点、国語的な観点のどこに立脚するかによって議論の方向性が変わるはずです。

あえて意図的に角度を変えて見てみることで、ものごとの本当の姿が浮かび上がってくるのであり、そのためにあえてそれぞれの教科の視点から世の中を見る訓練を積むことに意味があるのです。その集積がいわゆる「教養」になります。もしさまざまな教科の視点を知らずにただ世の中を見ているひとがいるとすれば、そのひとは自分の好きな視点から見える部分だけを見ているだけです。

逆にいえば、学校の各教科の先生はそれぞれの専門分野から見える風景とその面白さを語ってくれればいい。子どもたちは、1日6時間教室で「へー、面白いなー」という具合にそれをぼーっと聞いているだけでも、相当な教養が得られるはずです。本来学校とはそういうところなのだと私は考えています。テストで点をとるためみたいなせこい観点で教科を教えるから、教科が無味乾燥になり、学校がつまらなくなるのです。

教員のキャラを活かした授業が必要

各教科の専門的な話を面白おかしく伝えるのは「教科オタク」みたいな先生の得意技です。目を輝かせてミクロの世界の話をしてくれたり、あたかもそこにいたかのように歴史の話をしてくれたり……。生徒たちもつい引き込まれていくのです。

でも、アクティブ・ラーニング[※2]やプロジェクト・ベースド・ラーニング[※3]のような授業を行なう先生には別の素養が求められます。外向的で、どんなことにも興味をもち、浅くても広い知識をもっている。そういう先生は、俗に「ファシリテータタイプ」や「ジェネレータタイプ」と呼ばれます。

これからの学校には教科オタクタイプの先生もファシリテータタイプの先生も両方必要です。でも、教科オタクタイプの先生にファシリテータタイプの授業をさせても、せっかくのキャラが台無しです。逆もしかりです。その相反するキャラを一人の先生に求めること自体に無理があるのです。実際には一人二役をこなせてしまうカリスマ先生のようなひともいるにはいますが、全員にそれを求めるのは現実的に酷《こく》でしょう。

だとすれば、大学でなんらかの専門分野を究めた先生は教科オタクタイプの先生としての道を歩み、教育学部で学んだ先生はファシリテータタイプの先生の道を歩むという棲み分けができるのではないかと私は考えています。両方のタイプの先生がそれぞれの長所を活かしながら協働できる学校こそ、多様な価値観を認め合う学校といえるのではないでしょうか。

---

2 **【アクティブ・ラーニング】** 教員が講義をし、学習者が受動的にそれを聞くだけのような一方通行の授業ではなく、グループディスカッションやグループワークなどを取り入れて、学習者が能動的に学べるようにした授業形式のこと。もともとは大学の授業改革のなかで提唱された概念で、学習者の年齢が下がるほど、実は自然にアクティブ・ラーニングが実現しています。現在の学習指導要領の中では「主体的・対話的で深い学び」という表現が使われています。

3 **【プロジェクト・ベースド・ラーニング】** たった一つの正解がある問題を解くのではなく、複雑な要素が絡み合った課題を設定し解決する形式の学習法。アクティブ・ラーニングを促す手法の一つであり、現在の学習指導要領の中では、「探究」というキーワードが、ほぼこれに対応しています。教科の枠組みを越えて行なわれる場合も多くあります。

学校とは、文化を体に染み込ませるところ

たとえば、四天王寺は仏教の立場から、女子学院はキリスト教の立場から、ひととしての生き方を生徒たちに伝えます。6年間あるいは3年間という時間のなかで、くり返し、言葉だけでなく、さまざまな経験を通して伝えます。教員が意図的にしかけなくても、その学校に通ってそこの空気を吸っているだけで、自然にそういうメッセージが生徒の体に染み込むような学校文化があります。

それが私学の魅力です。宗教系に限らず、私学には建学の精神があり、その、目には見えない学校文化が、生徒の生き方に大きな影響を与えるのです。それに比べれば、大学進学実績などおまけのようなものです。

この教育は、どうやったって親にはまねできません。家庭では伝えることのできない壮大な文化を得るために、子どもたちは学校に通うのだというのが現時点での私の考えです。

生徒たちは毎日学校に通いながら、自分が何を得ているのかをその時点では自覚できません。だから卒業してから「仏教の授業をもっとまじめに受ければ良かった」などと振り返るのです。

卒業して何十年も経ってから、自分が得たものの本当の価値に気づくことも少なくありません。それだけ得たものが大きいのです。大きいからこそ、その全体像を把握できるくらいに自分が成長するまでその価値に気づけないという逆説が成り立ちます。

公立の学校には宗教的背景も建学の精神もありませんが、地域の文化があるはずです。公立の学校でも、地域との関係が密接で地域の誇りや期待を背負った学校はやはり魅力的な学校文化をもっています。その意味では、全国の公立学校はもっと地域と連携し、地域の文化をより多く学校の空気の中に取り込まなければいけないと私は思います。

学校はただ単に教科書の内容を理解したり覚えたりするために行く場所ではないし、実社会に出てすぐに役に立つスキル（すなわち時代が動けばすぐに役に立たなくなるもの）を習いに行くところではないのです。

第7章

「すごい親」より「いい親」がいい

成長していないように感じるのは錯覚

「赤ちゃんのころは何ができてもすべてを成長だととらえて喜べるんです。でもある段階から親は、見えなくなっちゃうんです。成長しているのに、それを成長だととらえられなくなってしまう。場合によっては退行しているんじゃないか、逆行しているんじゃないかと不安になる。

赤ちゃんのときは、寝返りをうったと言って喜んで、立ったと言って涙して、しゃべったと言って驚いて、わが子が笑ったっていうだけでもすばらしい幸せを感じてしまうわけですよ。でもそれを、いつしか本当に忘れてしまうわけです。

よその子よりもハイハイが早くできたということに喜んだり、よその子が自分の子よりも上手におしゃべりしているのを見て焦ったり、そのころからすでに横との比較でしか子どもを見られなくなっていくのかもしれない。

いつまでも自分の子だけを見ていたら、ひとつひとつうれしいことだと思うんです。でもどうしても隣の子が気になってしまう。それで子どもを見るモノサシがどんどん厳しいものになっていく」（女子学院・鵜崎先生）

隣の子どもだけではなく、同世代のまわりの子どもがみんな気になり、「これからはグローバル社会だ」と脅されれば世界中の子どもが気になってしまう。子どもよりも、子どもを比べるモノサシのほうが先にどんどん大きくなっていってしまうから、子どもが成長していないように錯覚してしまう。そういうことかもしれません。

子どもの「いいな」に「いいね」する

「子どもにとっての『いい親』じゃなくて、他人から見た『すごい親』になろうとしちゃうんですよね。『こんなお誕生会を開いてあげました』『こんなところに連れて行ってあげました』『こんな学校に入れました』ってことを親としての自分のステータスにしようとしてしまう。そのうえ趣味も生きがいももって、インスタにかわいいお弁当の写真をあげなくちゃなんて思ったら、無理ですよね」（鷗友・大内先生）

「すごい親」にとっては、子どもすら自己表現のための作品になってしまいます。でも「いい親」は違う。

「むしろ、子どもが『いいな！』って思うことに『いいね！』って言ってあげられる親。それが『いい親』なのかな」（鷗友・大内先生）

手を放して抱きしめる

昔から「九つまではひざの上」といいます。それくらいまではかわいがるだけで十分だという意味です。では、そのあとはどうすればいいのでしょう。

「手を放して抱きしめてあげてください」（芝《しば》・武藤《むとう》先生）

要するに、物理的に両手で抱きしめるのではなく、心の中で抱きしめるということです。だまされたと思って、リビングのソファでスマホでもいじって寝そべっているお子さんを、実際に手を放して抱きしめようとしてみてください。生まれてからこれまでの成長が一気に脳裏に甦《よみがえ》り、いま彼または彼女が抱える葛藤や不安や怒り、そんなものまですべてを含めて、心理的に抱きしめている気持ちになれるはずです。

すると、親としての自分のなかにあった不安や不満がすーっと消えていくのを感じられるはずです。それがわが子のありのままを受け入れるということです。

「くそばあ」や「キモい」は親の勲章

いくら反抗期とはいえ、悪い言葉遣いは徹底的に正さないと社会に出て困ってしまうと思うひともいるかもしれませんが、たいていの場合は杞憂《きゆう》です。

何でも受け止めてくれて、最後には必ず許してくれる安心感がある相手だからこそ悪態をつけるのです。ほとんどの場合、外で同じような言葉遣いをしているわけではありません。ちゃんと時と場所を選んでいます。そうでない場合は、単なる反抗期の問題ではない、ほかの問題の可能性を検討しなければなりません。

つまり悪態をついてもらえるということは、それまでの子育てのなかで、それだけ子どもに安心感を与え、信頼を得てきた証しでもあるのです。私に言わせれば、家庭内で安心感から発せられる「くそばあ」や「キモい」は、親にとっては勲章です。

「ごまかさないことが大事ですね。話は聞くし、違ってたら違うよって言うし。あるいは

本当にこちらが間違っていたら、『悪かった。違ってた』と認めるし。でも同じ土俵には立たないほうがいいですよね。向こうも悪いことはわかったうえで言っているんですから。そこで親もパニックになってエスカレートして、家庭内暴力に発展しちゃうケースもありますが、それでも親の目が覚めれば、子どもも目が覚めて、両方成長するんです」（開成・葛西《かさい》先生）

「本人はきっと、爽やかな態度を期待しているわけでもなく、返事が欲しいわけでもないでしょう。むっとした気持ちを言葉で表現したいならそのままの表現を、寂しい気持ちを態度で示したいならそのままの表現をしていいと思います。親の言動を観察してそこから子どもも少しずつ学びます。そうはいってもあんまりにもひどい暴言を口にした場合にはここぞというときを見極めて、大人としての堂々としたアドバイスを示すことも大切かと思います」（ノートルダム清心・神垣先生）

カーリング親子にならないで

「子どものうちに心の中のモヤモヤを吐き出しておかないと、大人になってからそれが出ちゃったりしますよね」（開成・齊藤先生）

まさかと思うかもしれませんが、大人になってから心の不調を訴えるひとには、「自分には反抗期がなかった」と言うひとも多いのです。

「壁になっている親が少なくて、やっぱり友達に近い親子関係が増えています。だから反抗期が少ない。この20年くらいの傾向かなと思います。反抗期にすべきだったことはいったいどこに消えているんだろうというのは気になります。子どもも親の言うことをよく聞くので、親がコントロールしやすい面もあります。親もいろいろ学習していますしね、子どもを上手に操作する方法を」（開成・葛西先生）

これは最近私も気になるところです。本来コーチングのようなテクニックは子どもの自己実現をサポートするために利用されるべきですが、悪用すれば、子どもを親の思い通りにコントロールすることに利用できなくもない。そうやってわが子をソフトコントロールする親が増えているように感じます。たとえば「本人の意志を尊重したい。でも本人のやる気がない場合にはどうしたらいいんでしょうか……」って、結局真綿でくるむように子どもをコントロールしようとしているってことだと自覚してほしいと思います。

「親は関わりすぎちゃいけないんだと思います。私は『カーリング[※1]親子』って言うんです。子どもが進むところを勝手に決めて、その道を進みやすいように掃《は》き清めちゃう。そういうのやめてくださいって、入学ガイダンスのときに保護者には注意します。中学受験の塾ではそれで成功体験になったかもしれないけれど、ずっとそれをやっていたらダメですよね」（開成・齊藤先生）

1 **【カーリング】**「氷上のチェス」ともいわれる、冬季オリンピック種目の一つ。ストーン（石）を氷上にすべらせ、的の中心を狙う競技です。競技者がブラシのような道具で氷上をこすりながらストーンを誘導する様子を、ここでは、レールに乗せるほどではないけれど、子どもの進路や選択を先回りして誘導する親にたとえています。

一度履かせた下駄はなかなか脱げない

現在の中学受験は「親の受験」といわれるほど、親の頑張りが子どもの合否を決めると考えられています。実際に、親が効率の良い勉強の仕方を指示して、子どもが素直にそれに従えば、偏差値は5や10上がるかもしれません。親が子どもに必死に下駄を履かせた状態です。

しかし一度下駄を履いてしまうと、今度はそれを脱ぐことができなくなる。それで中学校に入っても、親は子どもの勉強に口出しし、子どもも無批判にそれを受け入れるのです。成績は立派かもしれませんが、精神的自立からはほど遠い状態が維持されます。中学受験の負の効果です。中学受験で見事第一志望に合格した成功体験をもつ親子ほど危険です。

経験泥棒をしてはいけない

「『経験泥棒』だけはしないでください。失敗しそうだなと思っても、取り返しがつかないことでなければそのまま失敗させてください。失敗が経験になるわけですから。命に関わること、後遺症が残るようなこと以外は。『朝、起こさないでください』と言っているんですが、起こしますよね。『なんで起こしてくれないんだよ』と言わせて、『あなたが悪いんでしょ』と言うのが大事なんですけど」（開成・葛西先生）

親としても、子どもの中に自分がいなきゃダメな部分を残しておきたいという、ほとんど本能みたいな無意識があるのかもしれません。

弁当には好きなものだけ詰めてやる

「栄養バランスなんて考えなくていいから、お弁当には毎日子どもの好きなものを詰めてあげてください。それでももしお弁当を残していたら、それはなんらかのサインですから子どもの様子を注意深く見てあげてください」（芝・武藤先生）

私はこの話が大好きです。「お弁当」はいろんな想い（大好物を入れてあげて喜ぶ顔も見たいけれど、苦手なものも食べられるようになってほしいみたいな）が詰まった親子関係の象徴だととらえることができます。親がやってしまいがちなありがた迷惑をユーモラスに牽制《けんせい》しつつ、親としてカチンときてしまうときこそそれを子どもからのなんらかのサインだととらえて、子どもの気持ちに寄り添ってあげてくださいというアドバイスです。

もし子どもが「お弁当」を残して帰ってきたら、心配すべき可能性はいろいろあります。「お友達関係で何かあったのかな?」「部活で失敗でもしたのかな?」「先生に怒られたのかな？」……。でも一つの可能性として、親である自分自身が子どもに対して過度な期待を寄せてはいないか、勝手な価値観を押しつけていないかということも、胸に手を当てて考えてみてください。

思い当たる節があるのなら、「自分だってたいしたことないのに、なに贅沢《ぜいたく》言ってんだ！」と自分を笑い飛ばしてみてください。自分がそんな贅沢を言っていられるのも、子どもが立派にやってくれているからだと気づいてください。

つらい心情を聞くときは聞き役に徹する

子どもがつらい心情を打ち明けてくれたとき、アドバイスや評価は不要です。ただひたすら子どもが話したいことを話したいように話させてあげればいいのです。

親の努力はたいがい無駄

不登校を続けたり、せっかく合格できた有名進学校を中退してしまったりした子どもの心境をあとから聞いてみると、それが自分をコントロールしようとする親への渾身の抵抗であったということはよくあります。そのような場合、学校の先生としては親にどうアドバイスするのでしょうか。

「『ほったらかしにしい。ほったらかしにしても崩れへん』とアドバイスすることはあります。ほったらかしにしたら、子どもなんてねじ曲がらへん。だって誰だって生きやすいように生きたいもん。ある時期から子どもに任したら、『うちの子こんなになるんやなあ』ということだっていっぱいあるのにね。こう言ってしまうと身も蓋《ふた》もないのですが、子どものためにしなければならないからする努力ってたいがい無駄なんです」（灘・大森先生）

少しずつ待てるようになればいい

「『勉強せい！』と言われて本当に自分から勉強ができるようになった子どもは一人もおらん。それは断言できる」（修道《しゅうどう》・田原《たはら》先生）

「生活習慣の乱れに関しては早めに親が介入してあげないといけないかもしれませんが、でもあとは、『馬を水場に連れて行くことはできても、水を飲ませることはできない』のことわざと同じです」（麻布・平先生）

先生たちは「待つことが大事」と口をそろえました。講演などでそんな話をすると必ず「いくら待っても自分から勉強してくれないんですけど!!」と訴える声が会場からあがります。

でも親のその心理状態って、子どもからしてみたら全然待ってくれていないんです。「いつになったら本気を出すの？」「早くやる気を出しなさい！」と口で言ってないだけで、表情、態度、普段の会話の端々から、「早く！　早く！」「時間がなくなっちゃうよ！」という非言語的なメッセージがあふれ出してしまっているわけで。

待てば勉強を始めるという話でもありません。「待つ」とは、「もう焦らない」と覚悟を決めることです。仮に入試本番までそのときがやってこなかったとしても、「それがこの子のスタイルなんだ。それで入れる学校に行けばいいんだ」と腹をくくることです。「ありのままを受け入れる」と表現してもいい。

それって悟りの境地みたいな状態です。初めて子育てをしている親がそう簡単にたどりつけるものではありません。

焦らずに、親も少しずつ待てるようになればいいんです。

親がまず自分の人生を肯定する

「親御さんはね、不安でいいと思うんですよ。だけど少なくとも子どもの前では、自分の生きてきた道にはいろいろあったけれども間違いじゃなかったというように見せてほしい。そうすれば子どもも、挫折を味わったとしてもその先に必ず新しい可能性があると思えるひとになります。

親御さんが、親として自分がどうしていいかわからないって不安を感じることは正しいんですよ。わかるわけないんです。ようやくわかるようになるのは、おじいちゃんやおばあちゃんになってからであって。わからなかったら知ってるひとに尋ねればいい。でも大事なのは、それを鵜呑《うの》みにするんじゃなくて、じゃあ自分はどうするかってことを考えてほしいということなんですね」（女子学院・鵜﨑先生）

そこにいるだけで、親には親の価値がある

「自分も親という立場だとただ見守るってなかなかできませんでした。客観的でいるのはすごく難しくて、無理だと思うんです。でもひとつだけ言えるのは、ご自身の人生をよく振り返ると、絶対にどこかで何か悩んだりしているはずなんですね。でもそれを乗り越えてきたからいまがある。だから親である時点で自信をもっていいんです。子どもに対して『そこにいるだけであなたは価値があるんだよ』と言うのと同じで、『親としてそこにいるだけで自分には価値がある』みたいに思ってほしいですね」（洗足学園・宮阪先生）

失敗しない子育ては必ず失敗する

「よく、なんとかママはこんなふうに子どもを立派に育てましたというのがありますよね。いいところだけが強調されるわけですが、でも実はそのお母さんだってたくさんの失敗をしているはずなんです。むしろその失敗が糧になっているはずなんですよね。だからうまくいったところだけをつまんで学んでまねしても、それこそバランスがゆがんでしまうわけで、うまくいくわけがありません」（女子学院・鵜崎先生）

育児書通りに子どもが育つわけがないと、誰もが言います。そこでよくいわれる理由は、「子どもは一人一人違うのだから」です。それはまったく正しい。それだけでも育児書通りに育つわけがない説明になりますが、それだけじゃありません。

子どもは親の失敗からも学ぶものです。親が間違ったかかわりをしてしまったとしても、よほど不適切なことでない限り、子どもはそれを肥やしにして成長します。親の失敗によって回り道を強いられたとしても、回り道をした分、ちゃんと成長します。その意味では、失敗しない親に育てられた子どものほうがむしろ心配です。それが、成功事例しか書かれていない育児書通りに子どもが育たない理由の2つめです。

それに、親が最初から子育ての〝正解〟だけをまねて子育てしていたら、親として試行錯誤する経験が乏しくなり、親が親として成長できません。親自身の子どもを見る目が養われませんから、いつまでもなんらかの〝正解〟を外に求めてしまいます。〝正解〟は常に子どもの中にあるのに……。

親として何度も失敗し、反省し、試行錯誤をくり返すなかでようやく、ありのままの子どもを見守ることができるようになります。それって、方法じゃなくて態度なのだと私は思います。方法なら言葉で教えることができますが、態度は自分で身につけていくしかありません。

親子大バトルになってもいい

「親子なんだから、家族なんだから、感情のぶつかり合いだってあっていいんですよ。つい怒鳴ってしまったり、間違ったことをしてしまったり、親だって未熟な人間ですから、いろいろやってしまいますよ。親子大バトルになってしまうこともあるかもしれません。でもだからといって悪い親じゃない。それでも、親子は必ずやり直せる。お互いにひととして尊重できれば。これは絶対に伝えたいことですね。そこは信じてほしいです」（鷗友・大内先生）

人間は不完全だからこそ愛おしい

「親や先生の不完全なところを批判し、反抗していくなかで、気づくのではないでしょうか。オールマイティだからひとはひとを愛するのではなく、自分も含めて、人間は不完全だからこそ愛おしく思えるんだということに。それが思春期においてはとても大事なように思います」（海城・八塚《やつづか》先生）

ましてや、不完全な存在である親が、子どもには100点満点を求めるのは、どう考えても筋が違います。親こそ率先して「ダメでいい、ダメがいい。そんなあなたが大好きだ」と子どもに伝えるべきではないでしょうか。

振り向いたときにそこに親がいればいい

「親御さんには、『なんとかなるさ』という泰然《たいぜん》自若《じじゃく》とした態度で、子どものうしろについていてほしい。子どもを引っ張っていくんじゃなくて、子どもが前に進めなくなって振り向いたときに『うしろについてるから大丈夫だよ』と声をかけるだけでいい。そういう立ち位置が理想だと思います」（女子学院・鵜崎先生）

この場合の「なんとかなるさ」は、思い通りになるという意味ではありません。むしろ「人生、なんでもうまくいくわけがない。それでも人生がダメになることなんてない。むしろ、ままならない部分も多いからこそ、人生って味わい深いものになるんだよ」という意味です。「大丈夫」は、親が子どもに安心を保証することではありません。「世の中がどんなことになったとしても、あなたがどんな状態になったとしても、私は親として、いつでもあなたのそばにいるよ」という意味です。

安心ではなく安心感を与える

親はどんなに頑張ったって子どもに安心を与えることはできません。未来は常に不確定なのですから。でも親は、子どもに安心感を与えることならできます。親であるというたったそれだけの巡り合わせのおかげで、その点においてだけは、信じられないほどの力があるのです。親は、自分がもつその力を過小評価すべきではありません。

親は実は無力である

子どもが育つうえで、もちろん親の影響は絶大です。しかし、あえて言います。

「結局のところ、親は実は無力である[※2]」

そう思って、「だからあなたは自分で生きていくしかない。でもあなたにはそれが必ずできるはず」と無言のメッセージを伝えながら子どもを見守ることが、子どもへの最大の励ましなのではないかと、私は思います。

2　さまざまな事情で親から逃れてきた子どもをかくまう子どもシェルターの運営者にインタビューしたときに「要するに私たちは無力なんです。結局子どもといっしょにオロオロすることしかできないんです。でも、それを認めるところから、子どもたちへの支援は始まります。何もできなくても、ずっとそばにいてあげて、とにかく生きてほしいと伝えます。それが重要なのです」と聞きました。子どもシェルターという特殊な環境で見出されたある種の悟りですが、子育て中の親も心に刻んでおくべき大切な教訓ではないでしょうか。

終章

子どもを「見る」ということ

先生たちからのアドバイスをふまえて、子どもに関わる親として意識すべきことを、改めて年代別にできるだけシンプルにまとめてみようと思います。関連して、先生たちの心温まる傑作エピソードも紹介します。

【幼児〜小学生】

おうちでできる5つのコツ

子どもの学力向上や心身の健やかな成長のためには、どんな学校に入れるかよりも、幼児期の親の関わり方や家庭の教育力が重要であると昔から指摘されています。家庭の教育力などといわれると、何をすればいいのかと不安になってしまうかもしれませんが、親として特別な知識や技術が必要なわけではありません。

前提として、子育てに正解はない（だから不正解もない）。子どもには子どもの個性があり、親にも親の個性がある。家族には家族の形があり、文化がある。前提が変われば正解も変わる。よその家の子育てをまねしたってうまくいくはずがない。

そのうえで、迷ったときの大方針として、家庭の教育力を上げる5つのポイントを私なりにまとめてみました。

これらが科学的に正しいと証明されているわけではありません。ただし、私がこれまで聞いてきた多くの専門家や教育者の意見を総合して、おそらく「外してはいない」と思われるポイントです。細かいことは状況に応じて個別に判断するしかありませんが、大きな方針として参考にしてください。

(1) 家の中でもできるだけ文章で話す

「これ」「それ」「ごはん」「おふろ」などと単語で話すのではなく、「これ、あげるね」「それ、取ってもらっていい？」「ごはんを食べようね」「おふろが沸いたよ」などと、客観的に意味が伝わりやすい、文章に近い形で話すようにすると、論理的コミュニケーション力の素地になりやすいと考えられます。

(2) 簡単に答えを与えない

子どもに何かを聞かれても、すぐに答えを言ってしまうのではなく、できるだけいっしょに考える時間を楽しむようにしましょう。そうすると子どもも考えるのを楽しむようになります。

すぐに答えを与えてしまうと、お母さんやお父さんがグーグル代わりになってしまい、自分で考える前にすぐググるひとになってしまいます。

(3) 没頭していたらそっと見守る

子どもが何かに没頭していたら、どんなくだらないことであってもできるだけそのままそっと見守りましょう。本人が飽きるまでやらせてあげる。危ないことでない限り。

そうすることで、夢中になる力や集中力が磨かれます。これはのちのちあらゆることに取り組む力の源泉になるでしょう。幼いころに没頭した経験が豊かな子は大きくなってから伸びると、多くの教育者が口をそろえています。

(4) 失敗をほめる

子どもはそもそも失敗しかしません。それにいちいちダメ出ししていたら自己肯定感が下がってしまいます。

でもちょっと見方を変えれば、失敗のなかにもいいところは必ずあるはずです。自分なりに方法を考えたことやチャレンジしようと思ったことなど。そこに目を向けてほめてあげることで、失敗を恐れず、自分で考える子に育ちます。

一見失敗に見えることのなかにも良い点を見つけるように心がけているといつの間にか、ありのままの子どもを認められる親になれます。

(5) 手本を見せる

人間はまねして学ぶのが得意な生き物です。あれこれダメ出しするよりも、親が正しい生活をしていれば、それが自然に身につくはずです。特にあいさつなど対人関係のしつけは、親が普段から手本を示せているならば、叱る必要などないはずです。

つい忘れてしまったときは「あれ？　こういうときは何と言うんだっけ？」と聞いてあげれば、「こんにちは」とか「ありがとう」とか、言うべきことを思い出すはずです。

いっしょに漫画を読めばいい

鷗友の大内先生は、インタビューの雑談のなかで、ご自身の子どものころの経験を聞かせてくれました。大内先生とは知り合ってもう何年にもなりますが、初めて聞く話でした。「先生、これ、書いていいですか？」と尋ねると、最初は咄嗟《とっさ》に「ダメ！」と言ったのですが、「ん？　やっぱり、いいですよ」と言ってもらえました。少し長くなるので、大内先生のことばをそのまま聞き書きにします。

　個人的なことなんであれですけど、私、中1でいじめられて学校行きたくなくなっちゃったんですよね。で、そのときね、結構さぼってたんですよ。当時は「不登校」っていう言葉がなかったんで、熱があることにして、結構学校を休んでたんです。ひどいときなんて、親に「行ってきます」って言って家を出てからこっそり帰ってきて部屋に隠れてたりとか。

　その間、父の書斎にあった世界文学全集と日本文学全集と手塚治虫《てづかおさむ》全集をぜんぶ読んだんですよ。だってやることないから、勉強もできないし、したくないし。三島由《みしまゆ》紀夫《きお》などはあんまり好きじゃなくて読めなかったりした作品もありましたけど。太宰《だざい》も好きになれなかった。芥川《あくたがわ》なんか好きでしたよ。いや、ぜんぶ理解していたわけではありませんけどね。

　でもね、そのときの読書の経験っていますごく役に立ってる。

　私、実は帰国子女で、小2のときにアメリカから日本に帰ってきました。戻ってきたのが地方の都市だったので、カルチャーギャップが大きくてなじめなくて、当時の記憶ってほとんど残っていないんです。

　やっぱりね、何だろう……。アメリカに行くときは日本語を忘れてアメリカに適応しなければいけなくて、で、アメリカから帰ってきたら日本語じゃなくて英語交じりの日本語になっちゃってね。すごく物珍しい目で見られるし、「作文を書きなさい」って言われても、「作文って何？」みたいな感じなんです。だから、必死で合わせるために、そのころの記憶がないんですよ、そう……。

ただ、そういう状況だったときに、父親が本屋さんに連れて行ってくれて、ジュール・ベルヌの『海底二万マイル』とかそういう本をいっしょに探してくれたんです。田舎だったので本屋さんに行っても児童書が置いてなくて、大人向けの文庫だったたんですけど。

でも、「これは面白いよ」って言って、本の世界に入らせてくれたんですね、父親が。それがね、いまでも記憶にあって。そのとき何かの役に立ったわけではないけれども、大人の本を一冊読んだことがすごい自信になったし、それで、日本の学校でやっていける気持ちになりました。だから子どものころ、「本を買う」って言うといくらでもお金がもらえました。「そこだけはいいよ」って。

あと、自分のことばかり話して申し訳ないんですけど、私は漫画にもハマっていて、勉強しないで漫画ばっかり読んでいた時期もあるんですけど、そうしたら父親は、「全巻そろえよう」って言って、ぜんぶそろえていっしょに読みました。『スケバン刑《デ》事《カ》』とか『ガラスの仮面』とか。子どもが興味をもっているのをいっしょに読んでくれました。

自分の仕事の都合で、娘に大きな環境の変化を強いてしまった。その結果、娘がつらい思いをしている。学校になじめないのを責めるのではなく、つらい経験を乗り越えるためのアドバイスをするわけでもなく、ただ気持ちに寄り添い、いっしょの時間を過ごし、いっしょの本を読んだ。

これこそ、第7章に出てきた、子どもの「いいな」に「いいね」ができる親の姿ではないでしょうか。

【中学受験生】

中学受験で鍛えるのは非認知能力

ノーベル賞を受賞したアメリカの経済学者のジェームズ・ヘックマン博士は、幼児教育への投資効果が高いという研究結果を発表して注目を浴びました。[※1] だから社会として、高等教育よりもむしろ幼児教育に力を入れましょうと。では幼児期を逃すともう遅いのか。

実はヘックマン博士は別の調査も行なっています。

小学生を集めて毎日2〜3時間の課題を与えて、それが終わったらみんなで振り返りをしてということを2年間続けました。構図としては中学受験勉強にそっくりですよね。するとその経験が、彼らが大人になってから新しいスキルを獲得するときに有利に働いていたという結果が出ました。知識そのものよりも、そういう経験をしたこと自体が、ひととしての器を広げたと考えられそうなのです。中学受験勉強そっくりな活動を通じて、小学生以降でも、いわゆる非認知能力（序章参照）の向上が確認できたわけです。

必ずしも中学受験でなくてもいい。でも小学生のうちに継続的に何かに取り組む経験はしておいたほうが良さそうです。それが学校の勉強でもいいし、スポーツでも音楽でもなんでもいいのですが、中学受験をしないからといって、この時期に何もしないという選択はもったいないと私は思います。

しかし昨今の中学受験は親の受験ともいわれてしまうほど親が過熱しやすい。それでは中学受験が、子どもを傷つけてしまったり、親子関係を壊してしまったりする原因になりかねません。そこで、拙著『中学受験「必笑法」』（中公新書ラクレ）から、中学受験生の親がもつべき心構えを3つ紹介します。

1　ヘックマン氏らのグループは、恵まれない子どもたちの幼少期の生育環境を改善した追跡調査である「ペリー就学前プロジェクト」および「アベセダリアンプロジェクト」の結果を分析しました。両プロジェクトは、子どもへの教育投資ができない環境を改善したという話であり、何か特別な英才教育をしたわけではありません。その結果、幼児教育を受けたひととそうでないひとを比較すると、一度開いたＩＱ（知能指数）あるいはいわゆる「学力」の差は成長に伴って消えるのに、大人になってからの年収や生活の豊かさには有意な差があることを発見しました。そこから、「学力」では測定できないなんらかの能力すなわち「非認知能力」が長期的な影響を与えているのだろうとヘックマン氏は主張しました。

(1) わが子の才能を最大限に評価するモノサシをもつ

同じように勉強しているはずなのに、わが子よりもよその子のほうが成績が良かったりすると、悔しくなるかもしれません。悲しくなるかもしれない。「やり方が悪いのだろうか」「どうやったらあの子よりいい成績をとらせてあげることができるのだろうか」。親は思い悩み、「頭が良くなる系」の雑誌や本に手を伸ばすかもしれません。しかしそれで効果が出るのなら、世の中とっくに「頭がいい子」だらけになっているはずです。

ひとはそれぞれ、生まれつきもっている才能が違うといえば違う。しかしそれらは、1つのモノサシで優劣をつけられるものではありません。マラソン選手と、短距離走選手と、どちらの運動能力が高いのかといわれても、それを比べるモノサシがないのと同じです。一般的なペーパーテストの点数に表われる「学力」とは、記憶力、思考力、表現力など、実はさまざまな個別の能力の最大公約数的な数値です。バランスがとれている子どものほうが高く出る傾向があります。逆に、どこか一部が天才的に突出していても、テストの点数には表われにくい。テストの点数に象徴される「学力」は、子どもの能力を推し量るひとつの目安にはなりますが、それがその子どもの才能のすべてを言い表わしているわけではないことは言うまでもないでしょう。

であるならば、親がまずすべきことは、わが子の才能を最大限に評価できる独自のモノサシをもつことではないでしょうか。社会一般に用いられているモノサシでわが子を測り一喜一憂するのではなしに。

毎日コツコツ頑張る力、良くない成績にも凹《へこ》まない明るさ、難問にも果敢に食らいつくガッツ、自分が勉強で疲れているのに親のことまで気遣う優しさ、つらいときにはつらいと言える素直さ……。よその子に負けない才能をたくさん見つけ、中学受験という機会を通してそれをさらに伸ばしていることに常に注目してあげましょう。
そうすれば、よその子と比べようとも思わなくなるはずです。

(2) 第一志望以外はすべて第二志望だと考える

「第二志望合格ならまだいい。第三志望もダメ、第四志望もダメとなったらどう考えればいいのか」という指摘もあるでしょう。これにはちょっとしたコツがあります。

第一志望は、子どものモチベーションを高める憧れの学校。でも、それ以外はすべて第二志望と考えるのです。

詭弁《きべん》に聞こえるかもしれません。たしかに模試を受ければ第一志望から順に志望校を記入することになります。しかし、それを偏差値順に書かなければいけないという決まりはありません。「この学校もいいね。こっちの学校も良さそうだね」などと、受験するどの学校にも入りたい気持ちを盛り上げるのが親の役割です。

文化祭やオープンキャンパスに参加して、各学校のいいところをたくさん見せれば、子どもには偏差値表など見せなくてもいいでしょう。「ぜんぶ受かっちゃったらどこに行くか迷っちゃうね」などとのんきなことを言っていればいいのです。

実際、私はこれまでたくさんの学校を取材してきました。はっきり言いましょう。偏差値が5や10違ったって、教育内容にたいした差はありません。長い歴史のなかで生き残ってきた私立の学校は、総じてどこの学校も恵まれた環境であり、いい学校です。

「これからはグローバル。世界のどこへ行っても通用する人間にならなければいけない」といわれているにもかかわらず、狭い日本の一部の地域に密集する中高一貫校のなかで「こっちの学校はいいけれど、この学校じゃダメ」だなんて言っているようでは、それこそ先が思いやられるというものです。

一般的には〝最高〟とされる選択肢を得たとしても、それを活かせなければ、その選択は悪かったことになります。逆に〝不利〟といわれる選択肢を選んだとしても、それを最大限活かせれば、結果的に最善の選択をしたことになります。要するに**人生における「決断」の良し悪しは、決断したあとに決まります。**

自分の「決断」を事後的に「正解」にできる力こそ、正解がない時代に自ら正解をつくり出す力になるはずです。それがあれば、どんなに先行き不透明な時代がやってきても、きっとたくましく生きていけます。

第一志望に合格すれば、望み通りの中高生活が得られるだけでなく努力が報われる成功体験になる一方で、第一志望以外の学校に進むことになったとしても、堂々とその道を歩みその環境を最大限に活かすことができれば、自ら正解をつくり出す力を身につける機会にできるのです。

そう考えれば中学受験に「失敗」なんてありません。

(3) 受かった学校が最高の学校だと信じる

必ずしも第一志望に合格したわけではなくても「中学受験をして良かった」と言う親に共通する何かがあると、多くの取材経験のなかで私は気づきました。

「大変ではあったけれど、振り返れば中学受験は自分たちにとっていい経験」と胸を張る親子は、もともと「自分にとっていちばんいいところに決まるはず」というブレない信念をもっていたケースが多いのです。そのような信念をもつことで、どんな結果も前向きに受け入れることができるようになるのはもちろん、受験勉強のさなかにおいても子どもは余計なプレッシャーを感じることが少ないので、もてる力を発揮しやすくなるのでしょう。

子どもが第一志望まっしぐらに頑張るのはいいことです。高望みだってどんどんすればいい。しかし親まで合格という結果ばかりを見ていると、いま、目の前で努力する子どもの成長に気づけなくなることがあります。

小4で塾に通いはじめ、小学校では習ったことのないような難問にもあきらめずに取り組むようになる。テストの結果に一喜一憂し、「次はもっと頑張るぞ！」などと目標を立てるようにもなる。親の期待だってひしひしと感じている。「できれば親を喜ばせたい」という気持ちも当然もっている。しかし、親が「結果がすべて」と思っていたら、これらの成長は合格という形でしか報われません。

いま、ここでの子どもの努力と成長に目を向け、励ますことを、中学受験を志す子の親は忘れてはなりません。それを忘れなければ、合否が怖くなくなるはずです。「成績が上がってほしい」と切実に願う一方で、「成績が上がらなくても、この子が精一杯頑張って力を出し切れるのなら結果はどうでもいい」と心の底から思えるようになる不思議な体験をするはずです。

それはすなわち、ありのままの子どもを受け入れられるようになるという意味でもあります。それが、親子で中学受験を経験することの最大の効能だと私は考えています。

いっしょにケーキを食べればいい

頑張ったのに思ったような結果が出なかったとき、子どもはつらそうな顔をします。わが子のつらそうな顔を見ることほど親にとってつらいことはありません。なんとかしてそのつらさから救ってやりたいと思います。

受験勉強が少々つらくても、いい結果さえ出れば子どもも笑顔になれるのですから、親は次こそ満足のいく結果を出させてやらなければと考えがちです。そのために新しい問題集を買ってきたり、テストの解き直しを徹底したり、次こそいい結果を出すように支援することで、わが子を笑顔にしようと意気込みます。

でもそこに落とし穴があります。

ただでさえ子どもの両肩に重いプレッシャーがのしかかっているときに、さらに重しを載せてしまうことになりかねないのです。

では、たとえば模試で思ったような結果が出なかったときに、親として何ができるのか。

神戸女学院の林先生が教えてくれたのは、「コロンブスの卵[※2]」とでもいうべきシンプルな方法でした。

成績が落ちちゃったら、それは本人がいちばん悔しいわけですから、責めて傷口に塩を塗るようなことをしてはいけません。いっしょにオロオロして泣くのも親の役目だと思います。

でもまあ「ケーキ買ってきたから、食べへん？」みたいに言えば、子どもにも親の気持ちは伝わるじゃないですか。自分のことちゃんと見ててくれてるんだ、気にしてくれてるんだっていう安心感のなかで、心を休めて、もう一回頑張ってみようっていう気持ちが出てくるわけで。

そう。ままならない状況に落ち込むひとを助けるためにまわりのひとにできることは、**本人の代わりにままならない状況を改善してやることではなく、落ち込んでいる気持ちに寄り添う**ことなのです。

気持ちに寄り添うのに必ずしも言葉は要りません。自分らしい方法で、「あなたの気持ち、わかるよ。あなたのことを思っているよ」と伝えられればいいのです。

いっしょにケーキを食べる以外に、たとえばキャッチボールをするのもいいでしょうし、おさんぽやドライブに行くだけでもいいでしょう。

ほっとできる時間のなかで安心感が得られれば、それだけで、人間は勇気づけられます。

中学受験に限らず、親として子どもの人生を応援するときには常に大切なスタンスだと思います。

2【コロンブスの卵】 卵を立てて置く課題に対して、コロンブスが卵の尻を潰して立てたという逸話から、言われてみればなんてことはないがなかなか発想できないことのたとえとして用いられる、故事成語の一種。

【中学生・高校生】

いますぐに理解してもらえなくていい

中高生にもなれば、基本的にはもう自分でたいていのことができます。必要なことは自分で学んでいきます。もちろんまだ人生経験は浅いですから迷うことや間違えることはたくさんある。そんなときに**子どものうしろに控えていて、「大丈夫だよ」と安心感を与えてあげる。**それが思春期の子の親の役目であり、もう直接的に教えることはほとんどないと思います。

いろいろアドバイスしたくなる時期ではありますが、親が自分の人生のなかで得た方法論がそのまま子どもの人生にとって役に立つかどうかはわかりません。だって子どもと親はまったく別の存在で、もっている個性や特性もまるで違うのですから。どうやったら自分の個性や特性を活かした生き方ができるかは、子ども自身が手探りで見つけていくしかありません。

でも、これだけは普遍的だろうと思うメッセージが3つだけあります。これは思春期のうちに子どもに伝えておくべきかなと思います。正直、多分に私の価値観をベースにした発想ではありますが、これまでの取材を通して得た知見の集大成でもあります。

これだっていますぐに理解してもらわなくていい。理解できないと思います。でも、人生の何かの拍子に「そういえばお母さんやお父さんが昔こんなこと言ってたよな」って、ふと思い出してくれればそれでいいんじゃないかと思います。

(1) 正直に生きろ

他人に対して嘘をつくなという意味だけではありません。むしろ自分をだますなと伝えたい。

自分に正直に生きると必ずどこかで壁にぶつかります。ひとともぶつかります。でもその葛藤を避けるために自分をだますことを覚えると、自分の人生がどんどん自分の人生でなくなっていきます。

一方で、壁にぶつかりながらも自分の道を貫くひとは、仮に社会的には大きく認められていなくても、自分の人生や生き方に誇りをもつことができます。

お金は使えばなくなってしまいます。名誉や社会的地位は、それをほめそやしてくれるひとがいなければ何の意味ももちません。でも自分のなかにある誇りは、誰にも奪うことができません。

(2) 卑怯はするな

自分に正直に生きていると、どうしても他人を傷つけてしまうことがある。できれば避けたいことではありますが、生きている以上避けられないこともある。

でも、自分の利益のためにわざわざ他人を陥《おとしい》れるような卑怯な人間にだけはなってほしくありませんよね。

そもそも卑怯とは何かという問いは、多感な時期に向き合うべき重要なテーマの一つだと思います。

卑怯なことをすると、自分では「へっちゃら」のつもりでも、それは必ず自覚されるので、自分自身が無意識レベルで傷つきます。傷つくと、心が弱って、正々堂々としていられなくなります。どんどん卑屈な人間になっていきます。自分の人生に対して誇りがもてなくなります。誇りがもてないから、お金や名誉や社会的地位にすがり、それらに縛られて生きるしかなくなるのです。

(3) 君は自由だ

自由とは、誰か自分よりも大きな権力をもっている者から大きな許可を得ることではありません。世の中との向き合い方、あるいは何を大切にして生きるのかを、自分自身で決めることです。

君は自由だと伝えることは、自分の外にある価値観に寄りかかるなというメッセージです。どこかの他人がつくったモノサシで自分を測るなということです。

自分自身が心底自由である実感があれば、他人の自由も尊重できるようになります。その先にいつの日か、理想の社会が実現するのだろうと私は信じています。

子どもは決して勝手にはねじ曲がらない

ある塾が主催した保護者向け講演会に登壇する機会がありました。灘、東大寺学園、神戸女学院の先生方と、これからの教育についてパネルディスカッション形式で語り合いました。

質疑応答の時間に、会場の一人の女性がマイクを握りました。

私の甥っ子にメッセージをいただきたいなと思っています。甥っ子は歴史が大好きな小学5年生です。歴史の本は何百冊も読んでいて、質問されてもとても私の知識では答えられません。

ある日の授業中、先生にたくさん質問をしたのだそうです。そうしたら先生が「お前はうるさい！　そこで正座していろ」と甥っ子を叱ったそうなんです。甥っ子はすごくショックを受けてしまいました。

「中学受験をするための準備が僕にはまだできていないようだから、中学受験はやめる。でも勉強は僕にとって有意義なものだと思うから、続けるよ」と言いました。なんて素敵な少年に育ちつつあるんだろうと感動しました。

本当は、灘や東大寺学園さんのような学校に入れればいいなと思うのですが、ちょっとそこまで頭がついていっていないようです。

でも甥っ子だけでなく、そういうお子さんは多いと思うんです。ぜひそういう子どもたちに向けてひと言メッセージをいただけたら、とってもうれしいです。

それに答えてくれたのが、灘の大森先生でした。

お子さんへのメッセージというか、いま質問してくれたおばさまへのメッセージになってしまうのですが……。

「この子、すごいな！」「この子、どんなふうになるだろうな」と見てくれる大人がまわりにいることが、子どもを育てるんです。

学校に合わないとか、ある意味、理解のない教師もいると思いますけれども、「先生が必ずしも正しいわけじゃないから、あなたのやりたいことをやっていいんだよ」というメッセージを常に与えてほしいと思います。

認めてくれる大人がいることが、どれだけ子どもにとって心強いかと思いますので、励まし続けてあげてほしいと思います。

もちろん少年の関心は変わります。変わったときに、「あなた、あんなことしてたのに、どうしたの？」でなくて、子どもの変化をまた認めてあげてほしい。それを**まわりの大人がありのままに認めてあげることができれば、子どもは決してねじ曲がら**

ない。私はそう思っています。

その場で私はいたく感動し、言葉に詰まるほどでした。イベントのあとに、大森先生とそのときの話を振り返る機会がありました。以下はそのやりとりです。

おおた　「子どもは決してねじ曲がらない」はかっこよかったですよ。

大森　「ねじ曲がらない」発言（笑）。あのおばさんが偉いですよね。中学入試には学力足らんけど、って先生がけしからんわけで、あのケースはね。「すごいな」って言ってくれるおばちゃんがいるから、その子は絶対大丈夫。

おおた　「みんながみんな認めてくれるかわからないけど、誰か一人でも自分のことを認めてくれるひとがいれば子どもはねじ曲がらないと私は思います」と。逆にいえば、「ねじ曲がっちゃう子っていうのは、まわりにそういう大人がいなかっただけだぞ」という意味合いだと受け止めました。

大森　そう。みんながみんな「あんた悪い子や」って言ったら、「どうせ俺は悪い子や」となっちゃうんですよ。

おおた　「ねじ曲がるはずないんだ！」と。大人がちゃんと見てさえいれば。「ねじ曲がってしまった子をダメな子と言う権利など誰にあるんだ！　お前、見てたのか！」と。

大森　どんな子でも認められたがってるんです、子どもは。だから、誰が認めてあげるかなんです。昔話をすれば、僕がここに雇われたときに、そのときの校長が、「最近の先生はみんなできがいいけど、できのいい先生は、できの悪いやつの気持ちがわからへん。お前やったらわかるやろ？」と。僕はできが悪かったので、できの悪い子の気持ちがわかるという、この説得力のある言葉（笑）。自分がこの学校に来たひとつの役割は、できの悪いやつの気持ちをわかってやること。できの悪いやつに寄り添ってやることが、僕の仕事だと思って教師になった。

おおた　そうでしたか。先生は高校紛争で、生徒側として学校と激しくやり合ったやんちゃ坊主だったわけですからね（笑）。

大森　実際そう思って教師になったんだけど、教師を長くしていると、実はできのいい子も認められたがってることに気づくんですよ。ともすると、こういう学校に来ると、「お前はできるやろ、できるな」と。できるのはいいんだけど、どうできるのか、何を努力してるのか、見られてないので。できがいい子も、実は寂しい思いをしてることがわかって。

僕はやっぱり、それがわかってからは、「お前、よくこんなことできるな」と言うようになりました。より具体的に、「見てるよ！」メッセージね。

おおた　そういえば、先生は昔、私の『ルポ塾歴社会』（幻冬舎新書）を読んでくれて、「おおたさん、『できのいい子はできがいい』と書いてあったけど、努力する才能というのもあるんやで。できる子ものすごく努力してるんやで。それも書いてほしかった」とおっしゃっていましたよね。

大森　「見てる」いうのはただほんまに見てるんじゃなくて、具体的にその子が何について頑張っているのか、何について困ってるのかを知ってあげること。できる子って、ときどきほったらかされるじゃないですか。「お前はほっておいてもできる」と。いや、ほっといてもできるっていうけど、何もせんでできてるわけじゃないので。彼らは彼らでひとの見えないところで頑張ったりしているので、それはそれで彼らに対しても「知ってるよ」と伝えてあげることは大事。そうなってくると、全員見なきゃいけないから大変なんやけど（笑）。でもほんとにね、ともすると、できない子と同じくらい、できる子はないがしろにされてるの。

おおた　たしかに、そうですよね。灘の中でもできてる子だったら、もう大人はやることないと思っちゃうけど、そんなことはないと。

大森　そうなんですよ。教育って、「見といてあげてください」っていうのは、そこなんですよ。「ほんまに見てますか？」ってことなんです。

おおた　いまの先生の話だと、ただ見てるんじゃなく、頑張ってるなって思ってるだけじゃなくって、やっぱりそれを言葉にすべきと。

大森　いつもいつもほめる必要ないけど、ぼそっとね。「お前、同じ問題、3回くらい解いたんちゃうか」って言ってあげると、生徒も「わかりますか!?」と言って表情を明るくしますよ。「だって、提出した課題、間違ったとこ何度もやり直してたよな。消しゴムで何度も消した跡あったもん。すごいなあ、お前あれ何回やったんや？」と言ってやれば、「ちゃんと見てくれているんだな」と思うじゃないですか。

おおた　ちゃんと見ていてあげて、ここぞというときにはちゃんと伝えてあげる。これは親もいっしょですよね。

大森　「あのひとはちゃんと見てくれてる、わかってくれてる」と思えれば、子どもは決してねじ曲がりません。

親には「見る」ことしかできない

親が意識すべきポイントを、本書のまとめとして「できるだけシンプルに」といったのですが、まだちょっと欲張りすぎだったでしょうか。

では本当に最後に、年代にも関係ない、親として意識すべき究極のポイントを、この本の最後の一滴として、抽出したいと思います。

大事なのは子どもをしっかり見てあげることだと先生たちは口をそろえていました。ただ視界の中に見えているだけではダメです。子どもが何に対し、どんな関心を寄せていて、いまどんなふうに心が動いているのかを見るのです。

たとえば幼児が公園で遊んでいて小さなイモムシを見つけたとします。すると子どもの目が一瞬輝きます。その瞬間のその表情を見逃さないでほしいのです。

さらに子どもがその感動を親に伝えたいとき、必ず一瞬親のほうを見ます。そのときに、子どもの感動に共感しながら、アイコンタクトを返してあげてほしいのです。

「ママ（パパ）見て！」と声をかけられれば「よく見つけたね」とか「かわいいね」と返事してあげてもいいでしょう。でも感情のこもったアイコンタクトだけでも十分です。あえて言葉にしないほうがいいときもある。

そんなときにスマホをのぞき込んで芸能人のインスタに「いいね」なんてしている場合じゃありません。目の前の子どもにリアル「いいね」を出してあげてほしいのです。

そうすると、子どもの好奇心は励まされ、どんどん知的欲求が豊かになり、自分の感覚にも自信がもてるようになります。これが、その子の自己肯定感を励ますことになりますし、スペシャリティを伸ばすための恰好《かっこう》の養分にもなります。

幼児期に限ったことではありません。思春期になっても同じです。普段はぶっきらぼうに「ほっといてよ」などと言っていても、よく見ていると、多感な時期の子どもがときどき何気ない会話をしながら目を輝かせてこちらを見ることがあります。

表面的なことばの奥に、本当は何か、親に知ってほしいことがあるんです。何気ない話だと思っても、目を見て興味をもって聞いていると、そのうち本当に伝えたかったことを話しはじめます。

何かに感動したことや、何かを発見したこと。それを親とも共有したいと思ってくれているのです。そのチャンスを逃してはいけない。

私自身がそう思うようになったのは、本書に出てくるような優れた先生たちが、そういうチャンスを見逃さない点で共通していると気づいたからです。

先生たちは実は、生徒の「やる気」に火をつけているのではなくて、生徒が、本人すら自覚できない小さな小さなやる気の種を発芽させたときに、それを見逃さず、そこに光を当て、その芽が育つのを温かく見守ることができるのです。それって教育の真髄じゃないかと思います。

小さな小さなやる気は、子どもがいくつになっても、心の中でかなり頻繁に芽吹いています。それに気づいてあげるチャンスは、いくつになってもいくらでもあります。まわりのひとたち、特に親という立場のひとが、それに気づいて、光を当て、温かく見守ってあげられれば、いくつになっても、おそらく大人になってからでも、人間は伸びていけます。

教育的な観点で親のすべきことって、究極的にはたったそれだけじゃないか、いや、それくらいしかできないのではないかと思うのです。

おわりに——「答え」は子どもの中にある

自分は愛されているという安心感があり、自然の美しさと厳しさに畏敬の念を感じており、友達と楽しい時間を過ごすことができて、さまざまな失敗を経験し、しっかり反抗期を堪能したのちに、素敵な恋愛ができれば、その子はもうどうやったって生きていける。親がよほど余計なことをしなければ、子どもはそれなりに育っていく。無数にある幸せになる方法のなかからきっと自分に合った方法を見つけ出す。だから、子育てを、そんなに難しく考えることはない。

これが本書の結論です。いまの私の確信でもあります。

最近では「科学的に証明された」とか「エビデンスにもとづく」などと喧伝する育児法や教育法もありますが、それってまゆつばです。だって、育児法や教育法がその子にとって良かったのかは、その子が人生を終える瞬間にどんな気持ちかを尋ねでもしない限り判定のしようがないでしょう。

つまり「良い親とは何か」「良い教育とは何か」という問いは、結局のところ「幸せとは何か」「人生とは何か」という哲学的な問いに近づいていきます。哲学的な問いに対して、どんなに予算や時間をかけて調査したところで、エビデンスなんてとれるわけがありません。

仮に、世の中のエビデンスを結集してつくられたＡＩが、わが子にとっての〝最高の教育〟をアドバイスしてくれるとして、最高の習い事、最高の塾、最高の学校を教えてもらったうえで、最後に「でもいちばん教育効果が高いのは、親を取り替えることなんですけど……」と言われたらどうするんですかね？

それに、たとえばビジネスで大儲けしたとか、何かで金メダルをとっただとか、東大に合格しただとかそんなことで、子育ての〝成功〟だなんて言われたら、それこそ「その人生観、大丈夫ですか？」って話です。

だって、人生はその先もずっと続くんです。ある瞬間には世の中から拍手喝采を浴びたとしてもそこから転落してしまう人生を、私たちはたくさん目撃していますよね。一方で、世間からのスポットライトを浴びることはないけれど、しみじみと幸せな人生をおくっているひとたちがそこら中にいることを、私たちは知っています。

そもそも親が子どもの幸せを見届けることなんて、できないほうがいいんですよ。だって、子どもが幸せを全うするのを見届けるためには、子どもより長生きしなくちゃいけないですから。そんなの、親として最も避けたいことの一つですよね。

要するに、幸せになった子どもを見て早く安心したいなんて、さっさと捨て去るべき煩悩みたいなものです。「大丈夫。この子はきっと幸せに生きていく」と信じることが先なんです。それが子どもにとっては何よりもの自信になるんです。親はそのことに早く気づくべきだと思います。

では親は、不安だらけのなかで何を指針にして子どもを育てればいいのか。図書館の育児書を片っ端から読んでも、ネットで検索しまくっても、「答え」が見つかるどころかますます迷宮の奥深くに入っていってしまうことがあります。そんなときこそ、灯台もと暗し。

「答え」は常に子どもの中にあることを、思い出してください。

２０２１年８月　おおたとしまさ

P.S. 本書に登場する先生方は、私にとってはもはや「恩師」です。男子校どころか、女子校にまで「恩師」がいるのは、私の役得だと思っています。

装丁　竹内雄二
図版　篠　宏行

正解《せいかい》がない時代《じだい》の親《おや》たちへ
——名門校《めいもんこう》の先生《せんせい》たちからのアドバイス［エッセンシャル版《ばん》］

令和３年９月10日　初版第１刷発行

著　者　おおたとしまさ

発行者　辻　浩明

発行所　祥《しょう》伝《でん》社《しゃ》

〒101-8701
東京都千代田区神田神保町3-3
☎03(3265)2081(販売部)
☎03(3265)1084(編集部)
☎03(3265)3622(業務部)

印　刷　堀内印刷

製　本　ナショナル製本

ISBN978-4-396-61762-2 C0037
祥伝社のホームページ・www.shodensha.co.jp